_____ 님의

사업 발전과 모두가 행복한 일터가 되기를

간절히 소망하며, 이 책을 드립니다.

2025
개인사업자 및 소규모 사업주들을 위한
임금·인사·노무관리

〈최저임금 1만 원 시대! 최신 노무 이슈 완벽 반영〉
2025 개인사업자 및 소규모 사업주들을 위한

임금 · 인사 · 노무관리

1판 1쇄 인쇄 2024년 12월 2일
1판 1쇄 발행 2024년 12월 6일

지은이 신동명
펴낸이 송준화
펴낸곳 아틀라스북스
등 록 2014년 8월 26일 제399-2017-000017호

기획편집총괄 송준화
마케팅총괄 박진규
디자인 김민정

주소 (12084) 경기도 남양주시 청학로 78 812호(스파빌)
전화 070-8825-6068
팩스 0303-3441-6068
이메일 atlasbooks@naver.com

ISBN 979-11-88194-47-6 (13320)
값 21,000원

2025

개인사업자 및 소규모 사업주들을 위한

임금·인사 노무관리

최저임금 1만 원 시대! 최신 노무 이슈 완벽 반영

신동명 지음

아틀라스
북스

글을 시작하며

오늘도 휴대전화가 울려대고, 문자와 카톡 메시지가 연신 도착합니다. 자영업 대표들과 중소기업 대표들이 하소연과 억울함을 호소합니다.

"최저임금이 이렇게 계속 올라가면 우린 어떻게 해야 하나요?"

"직원이 중간에 들어왔는데 임금계산은 어떻게 하나요?"

"우리 같은 조그만 가게에서도 휴가를 줘야 하나요?"

"갑자기 직원이 그만두었는데 연락을 해도 받지를 않습니다. 제가 어떻게 해야 하나요?"

"직원 스스로 일을 그만두더니 한 달 후에 돌연 해고라고 주장합니다. 이럴 땐 어떻게 대처해야 하나요?"

"2년을 일한 직원이 갑자기 퇴직금을 미리 달라고 하는데, 지급해도 되는 건가요?"

"직원이 회사에 큰 손해를 입혔는데 어떻게 처리해야 하나요?"

"직원이 일하다가 다쳐서 산재처리를 하려고 하는데 회사에 불이익이 없나요?"

개인사업자 및 소규모 사업주들을 위한 임금 · 인사 · 노무관리

필자는 2013년부터 국내 대형 보험회사의 인사·노무분야 자문 및 상담업무를 하면서 많은 고객들을 접했습니다. 주로 큰 규모의 사업체보다는 음식업, 판매업 등의 자영업이나 직원 수가 적은 벤처·창업기업 및 중소기업을 운영하는 대표들을 상담할 기회가 많았습니다. 그전까지 상담해왔던 일정 규모 이상 사업체들의 환경과는 다른 부분이 많아 당황한 적도 많았습니다. 하지만 상담과 컨설팅 경험이 축적되면서 소규모 사업체의 경영환경, 업종별 특성, 대표와 직원 간의 특수한 관계, 직원들의 특성에 대해 많이 이해하고 공감하게 되었습니다.

그런데 이해와 공감이 깊어질수록 안타까운 마음이 점점 커져갔습니다. 어려운 경영환경 속에서도 많은 직원을 고용하고 있는데 사회적으로 인정받지 못하고, 때로는 악덕업주로 몰리는 수많은 사업주들의 현실에 가슴이 아팠습니다. 물론 불법인 줄 알면서도 자신의 이익을 위해 직원들을 이용하는 나쁜 사업주도 있습니다. 하지만 그에 비해 법을 너무 몰라서, 직원을 너무 믿어서, 직원을 배려하다가 불이익을 당하고 심지어 범법자까지 되는 선량한 사업주들이 점점 많아지는 현실에 고민이 깊어졌습니다.

사업주들과 상담하며 위와 같은 고민에 대한 답을 함께 찾아가는 과정에서 이런 이야기를 자주 들었습니다.

"제가 여태까지 너무 몰랐네요. 지금 해주신 조언이 앞으로 사업을 안정적으로 운영하고 직원을 관리하는 데 큰 도움이 될 것 같습니다."

그럴 때마다 필자가 조금이라도 도움을 준 듯해서 기쁘고 감사한 마음이 들었지만, 동시에 아쉬움도 남았습니다. 필자가 한 조언들이 대부분 결코 이해하기 어렵거나 적용하기 어려운 내용들이 아닌, 단순한 내용들이었기 때문입니다. 근로계약서는 어떻게 써야 하고, 근무시간은 어떻게 운용하며, 임금이나 퇴직금은 어떻게 관리해야 하는지 등 대부분 기본적인 사항들이었습니다.

이런 아쉬움을 해소할 방법을 고민하다가 부족하지만 소규모 사업체의 사업주들에게 도움이 되는 내용들을 정리하여 책을 내기로 결심했습니다. 기존의 임금·인사·노무관리를 다룬 책들은 대부분 중소기업 이상에서 참고할 만한 내용들로 구성되어 있습니다. 그러다보니 자영업이나 소규모 사업체 사업주들의 실제 경영현실을 반영하지 못하는 경우가 많고, 법적 해석에 치중하여 내용이 다소 어렵게 느껴지는 경우가 많다고 판단했습니다.

이런 현실을 감안해 이 책은 철저히 현장 중심적으로 임금·인사·노무관리에 직접 활용할 수 있는 내용만으로 구성했으며, 너무 어렵거나 현장활용도가 낮은 내용은 다루지 않았습니다. 특히 필자의 상담과 컨설팅 경험을 바탕으로 실제 사례들을 대화형식 등으로 구성하여 현실에 가깝게 설명함으로써 이해도를 높이려고 노력했습니다. 또한 사업현장에서 자주 일어나는 상황에 대한 실질적인 대처방안을 제시함으로써 최대한 법적 분쟁을 예방할 수 있도록 했습니다.

중소벤처기업부 2022년 말 기준 통계를 보면 중소기업이 전체 기업의 99.87%를 차지하고 있고, 이 중 소상공인(765만 7천 개) 및 소기업(26만 2천 개)의 합이 약 98.3%를 차지하고 있을 만큼 해당 기업들이 우리나라 기업의 절대 다수를 차지하고 있음을 알 수 있습니다.

어려운 환경 속에서도 묵묵히 사회를 지탱하고 있는 수많은 소기업 대표 및 소상공인들에게 이 책이 조금이라고 도움이 되기를 진심으로 희망합니다.

끝으로 어려운 환경 속에서도 늘 힘이 되어주는 노무법인 지안 식구들, 하늘에서 우리 가족을 언제나 지켜봐주시는 그리운 나의 부모님과 장인어른, 먼 곳에서 자식 걱정이 많지만 잘 지내주시는 장모님, 나밖에 없던 조그만 세상에 가족이라는 큰 의미를 부여해준 소중한 아내 근아와 사랑스럽고 소중한 두 딸 하연, 윤서에게 무한한 감사와 사랑을 전합니다. 아울러 잠시 쉬어가고 싶을 때 언제고 곁을 내주는 일우 형과 친구 은제, 언제 만나도 즐거운 FFC 친구들에게도 고마움을 전하고 싶습니다.

끝으로 이 책이 세상의 빛을 볼 수 있도록 용기와 도움을 주신 아틀라스북스 관계자 분들께 감사의 마음을 전합니다.

신동명

03 근로계약 체결 시 알아두면 좋은 사항들 75

3장   시간관리 : 근무시간, 휴식시간, 휴일, 휴가

01 근무시간과 휴식시간 : 출근과 퇴근 사이 87

※ 아틀라스북스 블로그(http://blog.naver.com/atlasbooks) 에 들어오시면 이 책 관련 노무 정책 등의 변경사항 확인 및 책에 수록된 서식들을 다운로드받으실 수 있습니다.

1장

임금·인사·노무관리의 시작 : 개념잡기

■ **체크리스트_** 나는 임금 · 인사 · 노무관리에 대해 얼마나 알고 있을까?

☑ 다음 중 옳은 내용은 몇 개일까요? 옳은 내용에 체크하세요.

순번	문 항	체크
1	정규직원 3명, 아르바이트직원 2명, 불법체류 중인 외국인직원 2명, 신용불량상태인 직원 1명인 식당의 법적 직원 수는 총 5명이다.	
2	수습직원은 수습기간 중에 해고해도 문제가 없다.	
3	단기 아르바이트직원은 당사자 간 합의가 있으면 근로계약서를 쓰지 않아도 법적으로 문제가 되지 않는다.	
4	손님이 없는 식당에서 직원들끼리 커피를 마시면서 손님을 기다리는 시간은 근무시간이 아니라 휴식시간에 해당한다.	
5	10인 미만 소규모 공장은 연차휴가를 꼭 부여하지 않아도 된다.	
6	입사 시 당사자 간 합의로 연장근무수당을 포함해서 임금을 지급하기로 정했다면, 연장근무에 대한 수당을 지급할 의무가 없다. (예 : '월 급여에는 법정제수당이 포함되어 있다.')	
7	직원에게 퇴직금 지급과 관련한 확인서(동의서)를 받고, 매월 임금에 퇴직금을 포함해서 지급하는 방법은 법적으로 문제가 없다.	
8	직원을 해고하면서 한 달 급여를 추가로 지급하면 문제가 없다.	
9	직원이 원하지 않아 4대 보험에 가입하지 않는 경우 사업주는 특별히 책임질 일이 없다.	
10	직원이 산재보험에 가입되어 있지 않으면 산재보험혜택을 받을 수 없다.	

※정답은 308쪽에 있습니다.

위의 사항들은 실제로 많은 사업주들이 혼란스러워하는 내용들입니다. 지금은 맞는지 틀리는지 잘 모른다고 해서 걱정할 필요가 없습니다. 이 책을 다 읽은 후에는 쉽게 이해하게 될 테니까요. 이제 작지만 강한 사업체가 되는 데 필수적인 임금 · 인사 · 노무관리만큼은 확실하게 할 준비가 되었나요? 그럼 지금부터 사업주들이 임금 · 인사 · 노무관리와 관련해 꼭 알아야 할 주요내용들을 하나하나 살펴보도록 하겠습니다.

건물에 있어서 가장 견고한 돌은 기초를 이루는 가장 밑에 있는 돌이다.
– 칼릴 지브란

01

노동법! 도대체 이해가 안 됩니다

"세상에 그런 법이 어디 있습니까?"

"노동법은 직원들한테만 유리하고 사장들에게는 가혹합니다. 이게 정당한 건가요?"

"직원을 믿고 합의했는데 도대체 뭐가 문제인가요?"

상담을 하면서 사업주들로부터 가장 많이 듣는 질문이자 항의입니다. 가끔은 필자에게 화를 내거나 항의를 해서 진땀을 흘릴 때도 많습니다. 그럴 때는 "제가 법을 만드는 사람은 아니라서 죄송합니다" 하고 웃으면서 넘어가곤 하지요.

노동법은 사업주와 직원들 사이가 불평등할 수 있다는 전제(즉, 직원이 불리할 수 있다는 전제)를 갖고 당사자 간에 균형을 잡아주는 법이라고 이해하는 것이 좋습니다. 임금 및 근무시간 등이 수요와 공급의 원칙에 따라 시장에서 자연스럽게 정해지면 좋겠지만, 그렇지 않고 사용자(사업주 또는 사업체)가 우월적 지위를 이용해 일방적으로 정한다면 직원들은 정당한 노동의 대가를 받기 힘들어질 수 있습니다. 그렇기 때문에 법(최저임금법 등)으로써 보호할 사회적 필요가 있다고 보는 것입니다.

'직원들과 합의해서 결정한 사항들도 문제가 되는지'에 대해 의문을 갖는 사업주들도 많습니다. 이럴 때 문제가 있는지 없는지 여부는 해당 합의내용이 법에서 정한 '최소한의 기준'을 지키고 있는지에 달려 있습니다. 그 최소한의 기준을 규정하고 있는 법이 바로 근로기준법 등의 '노동법'입니다. 따라서 만약 해당 합의가 관련 노동법에 위반된다면 해당 법에서 정한 기준이 당사자 간 합의보다 우선해서 적용됩니다.

■ 학원 원장과 구직중인 학생 사례

학원을 운영하는 M 원장은 현재 강사 2명을 고용하고 있어서 강사를 추가로 고용할 계획이 없습니다. 그런데 어느 날 대학교 졸업반인 한 학생이 찾아와 구직을 요청했습니다.

학생 : 원장님, 강의를 배우고 싶은데, 시간 강사가 필요 없으신지요?

원장 : 미안하지만 우리는 강사가 충분해서 당분간은 필요가 없어요.

학생 : 경험삼아 하고 싶은 거라서 월급은 안 주셔도 됩니다.

원장은 자신이 어렵게 강의를 배웠던 과거도 생각나고, 학원

정리 및 강의보조 등으로 쓰면 좋을 듯해서 고민 끝에 채용을 결정했습니다.

원장 : 꼭 필요하지는 않지만 우선 3달만 일해 봐요. 월급을 안 줄 수는 없고 교통비 정도로 월 180만 원을 줄게요. 근무시간은 주 5일이고, 하루 8시간 근무에요.

학생 : 감사합니다. 열심히 하겠습니다.

위의 사례는 얼핏 당사자 간 합의가 잘 이루어진 것으로 보입니다. 특히 학생 입장에서는 직장도 얻고 생각지도 않은 월급도 받으니 좋은 일인 듯합니다. 그런데 그로부터 3개월 후에 이런 일이 생겼습니다.

■ 시간 강사를 채용한 지 3개월 후

원장 : 3개월 동안 일 잘 배웠나요? 그동안 고생했어요.

학생 : 저 그만두어야 하나요? 더 일하고 싶은데요.

원장 : 나도 그러고 싶은데, 처음부터 꼭 필요해서 뽑지도 않았고, 요즘 학생도 없고 해서… 미안해요.

학생 : 정 그러시면 알겠습니다. 그런데 저한테 한 달에 월급을 180만 원 주셨는데, 알아보니까 제가 법적으로 덜 받았대요. 모자란 부분을 채워주시면 감사하겠습니다.

원장 : 무슨 소리에요. 안 받아도 된다고 할 때는 언제고… 도와줬더니 너무하는 거 아니에요!

학생 : 그 부분은 죄송하지만 법대로 처리해주셨으면 합니다.
　　　처리가 안 되면 고용노동부에 신고하겠습니다.
원장 : …

　필자가 실제로 상담했던 사례입니다. 결국 원장은 그 시간 강사에게 약 89만 원(추가임금 월 296,270원×3개월)을 추가로 지급해주었다며 너무 억울해 했습니다. 선의로 직원을 채용했다가 경제적 피해와 함께 마음의 상처까지 받은 사례입니다.

　그렇다면 이 사례에서 M 원장은 왜 임금을 추가로 지급해야 했을까요? M 원장과 학생은 시간 강사로 채용할 당시 임금에 대해 상호 합의를 하기는 했지만, 그 합의사항이 법에서 정한 최소한의 기준을 지키지 않았기 때문입니다.

　최저임금법에서 규정한, 1주 40시간 근무에 대한 월 최저임금은 2,096,270원(2025년 기준)입니다. 위 사례의 경우 당사자 간에 월 180만 원의 임금을 받기로 합의했지만, 해당 임금액이 최저임금법에서 정한 최저임금에 미달했기 때문에 차액을 지급해야 했던 것입니다.

　근로기준법 및 최저임금법 등의 노동법은 최소한의 법적 기준을 제시하고 있으므로 당사자 간 합의로 해당 기준을 마음대로 낮추는 행위는 허용되지 않습니다. 또한 합의내용이 해당 노동법을 위반하는 경우 법에서 정한 기준이 강제적용됩니다(상위법 우선의 법칙). 반대로 법에서 정한 기준보다 높은 기준을 적용하는 방식은 가능합니다(유리한 조건 우선의 법칙).

최저임금법 제6조(최저임금의 효력)
③ 최저임금의 적용을 받는 근로자와 사용자 사이의 근로계약 중 최저임금액에 미치지 못하는 금액을 임금으로 정한 부분은 무효로 하며, 이 경우 무효로 된 부분은 이 법으로 정한 최저임금액과 동일한 임금을 지급하기로 한 것으로 본다.

근로기준법 제15조(이 법을 위반한 근로계약)
① 이 법에서 정하는 기준에 미치지 못하는 근로조건을 정한 근로계약은 그 부분에 한하여 무효로 한다.
② 제1항에 따라 무효로 된 부분은 이 법에서 정한 기준에 따른다.

다음 중 사업주와 직원 간의 정당한 합의는 무엇일까요?

① 신용불량상태인 직원의 요구로 퇴직금을 월급에 포함해서 지급하기로 함(227쪽 참조)
② 직원 개인사정으로 4대 보험에 가입하지 않기로 합의함(271쪽 참조)
③ 연장근무 시 추가수당을 25%만 지급하기로 함(99쪽 참조)
④ 휴일근무 시 특근수당을 200% 지급하기로 함(99쪽 참조)

정답은 4번입니다. 1, 2, 3번은 모두 법에서 정한 기준을 충족하지 않습니다. 반면에 4번은 법에서 정한 기준인 150% 이상을 지급하기로 합의했기 때문에 정당한 합의가 됩니다.

따라서 직원과 협의나 합의를 통해 근로조건을 정할 때는 서로의 약속이나 인간적인 신뢰가 아니라 법에서 규정하고 있는 최소한의 기준을 우선시하여 의사결정을 해야만 불필요한 법적 분쟁을 예방할 수 있습니다.

노동법의 해석원리

1. 상위법 우선의 원칙
하위규범이 정한 근로조건이 상위규범에서 정한 기준에 미달하는 경우 그 부분은 무효가 되고 상위규범에 따르게 되는 원칙
[규범 적용순서] 인사관행 〈 근로계약 〈 취업규칙(규정) 〈 관련 법률(근로기준법 등)

2. 유리한 조건 우선의 원칙
하위규범이라도 근로조건이 근로자에게 유리하다면 유리한 조건이 적용되는 원칙. 즉, 상위규범보다 하위규범이 더 유리하다면 상위법 우선의 원칙이 적용되지 않음

02 직원이 아니면 무엇이라는 말인가요?

"사장님, 혹시 직원은 몇 명이신지요?"

이것은 직원 인사관리에 있어서 기본적이지만 중요한 질문입니다. 얼핏 쉬워 보이는 이 질문에 정확한 답을 하지 못하는 사업주들이 의외로 많습니다.

직원 수를 정확히 알아야 하는 데는 크게 2가지 이유가 있습니다.

첫째, 직원 수를 정확히 알지 못하면 법률적 문제나 노동분쟁이 발생할 확률이 커지기 때문입니다. 불법체류 중인 외국인직원, 신용불량상태의 직원, 단기 아르바이트직원 등 구성원 각각의 상황이나 신분, 당사자 간 합의 등과 상관없이 모든 직원은 법적으로 관리해야 하는 직원에 해당되며, 모두 직원 수에 포함된다는 사실을 인식해야 합니다. '알바니까', '외국인이니까' 등의 이유로 직원들을 차별적으로 관리하거나 직원 수 산정에서 제외해도 된다고 생각한다면 올바른 직원관리방법이라고

할 수 없습니다.

필자는 사업주들과 상담 시 이런 조언을 자주 합니다.

"정규직원에 비해 일용직, 아르바이트직원, 외국인근로자 등 상대
적으로 느슨한 근로관계라고 생각되는 직원들을 더 엄격하게 관리
할 필요가 있습니다."

실제로 최근 이러한 느슨한 근로관계에 있는 직원들에 대한 근로계약
서 미작성, 임금체불 등에 따른 노동분쟁으로 사업주들이 어려움을 겪는
사례가 많이 발생하고 있으며, 정부의 관리감독도 강화되고 있습니다.

둘째, 직원 수에 따라 적용되는 노동법이 달라지기 때문입니다. 즉,
상시근로자 수가 5인 이상인 경우와 5인 미만인 경우 노동법의 적용범
위가 달라지는데, 이는 소규모 사업체에게 큰 의미가 있습니다.

사업주들이 직원 수를 묻는 질문에 정확한 답을 하지 못하는 이유는
단순합니다. 근로자, 즉 직원의 개념이 명확하지 않기 때문입니다. 근로
기준법 제2조에서는 근로자의 의미를 다음과 같이 규정하고 있습니다.

'근로자란 직업의 종류와 관계없이 임금을 목적으로 사업이나 사업장
에 근로를 제공하는 자를 말한다.'

따라서 내가 운영하는 사업체에서 임금을 받기 위해 일하는 사람이면
모두 직원(근로자)이라고 보아도 무방합니다.

사업주들이 정확한 직원 수를 파악하는 데 있어서 착각하거나 혼란스러워 하는 대표적인 사안들을 정리해보겠습니다.

(1) 사장인 나도 월급을 받는데, 직원 수에 포함되나요?

사업체 대표는 임금을 위해서 일하는 것이 아니고 사업을 유지하고 성장시키기 위해 노력하는 경영자이므로 근로자가 아닙니다. 무엇보다 근로자는 대표의 지시에 따라 일하지만, 대표는 스스로의 판단으로 일하는 사람이므로 더더욱 근로자가 아닙니다.

(2) 군대 가기 전에 잠시 일을 도와주는 아들도 직원에 포함되나요?

소규모 사업체에서는 부인이나 남편, 자녀, 사위 등 사업주의 가족이 사업운영에 참여하는 경우가 종종 있습니다. 이때 해당 가족이 직원에 해당되는지에 대한 일반적인 판단기준은 '대표자의 지시를 받고 일하면서 임금을 받느냐?'가 됩니다. 일반적으로 가족이지만 임금이 책정되어 있으면 법적으로는 직원에 해당된다고 보면 됩니다. 반대로 일은 하지만 임금이 책정되어 있지 않으면 사업주와 동일한 지위를 갖는다고 판단할 수 있습니다. 즉, 직원이라기보다는 공동 경영자로 봅니다.

(3) 사정상 잠시 동안 고용한 불법체류 외국인도 직원에 포함되나요?

    정답이 질문 안에 있습니다. 해당 외국인의 경우 한국에 체류하는 상황이 불법이지, 일을 하는 상황 자체가 불법이 아니므로 이미 채용 순간부터 근로자에 해당됩니다. 따라서 해당 외국인근로자 역시 합법적으로 채용한 외국인근로자와 동일한 노동법적 권리를 갖습니다. 따라서 임금 이외에 퇴직금도 정상적으로 지급해야 하며, 연차휴가도 부여해야 합니다. 사업주는 이런 법적 의무의 이행은 물론, 불법체류자를 고용했기 때문에 출입국관리법 제18조에 따라 처벌(3년 이하의 징역 또는 3,000만 원 이하의 벌금)도 받게 됩니다.

(4) 주말에만 나와서 일하는 아르바이트직원 2명도 직원에 포함되나요?

    위의 내용과 마찬가지로 질문에 답이 있습니다. 통상 우리가 알바 또는 아르바이트라고 부르는 직원은 법적으로 '시간제 근로자'에 해당됩니다. 정규근로자보다 짧게 일한다는 차이가 있을 뿐, 이들 역시 근로자에 포함됩니다.

(5) 본인이 원하지 않아 4대 보험에 가입하지 않은 사람도 직원에 포함되나요?

4대 보험 가입 여부는 근로자에 해당되는지 여부와 아무 관련이 없습니다. 따라서 당연히 근로자에 해당됩니다. 다만 근로자임에도 당연히 가입해야 하는 4대 보험에 가입하지 않았으므로 그에 따른 책임을 부담해야 한다는 차이가 있을 뿐입니다.

위의 질문들을 통해 확인해보았듯이 소규모 사업체에서 일하는 직원은 대부분 실질적·법적으로 근로자에 해당됩니다. 4대 보험 가입 여부, 불법체류나 신용불량상태 여부 등 상황이 어떻든 간에 채용된 직원이 사업주의 지시를 받고 일하며, 그 대가로서 임금을 받고 있다면 모두 근로자에 해당됩니다.

▋ 신용불량상태인 직원에게 퇴직금을 포함하여 임금을 지급한 사례 ▋

지역에서 꽤 유명한 한식당을 운영하는 K 사장은 과거 사업실패로 신용불량상태가 된 A 씨를 채용했습니다. 그런데 A 씨가 K 사장에게 이런 요청을 했습니다.

A 씨 : 사장님, 제가 신용불량상태라서 그런데 월급 300만 원을 현금으로 지급해주시면 안 될까요? 그리고 4대 보험도 가입하지 않았으면 합니다.

K 사장 : 좀 번거롭고 급여 비용처리에 문제가 있지만 사정이 딱하니 그렇게 합시다.

A 씨 : 그리고… 열심히 오래 일할 테니 퇴직금도 월급에 포함

해서 지급해주셨으면 합니다.

K 사장 : 그건 좀 곤란해요. 퇴직금은 미리 지급하면 안 된다고
알고 있습니다.

A 씨 : 그건 저도 아는데, 지금 사정이 너무 어려워서요. 절 믿
으셔도 됩니다.

K 사장 : 음… 정 그러면 A 씨를 믿고 월 330만 원(월급 300만 원
+퇴직금 30만 원)을 드릴게요.

그런데 3년 후 A 씨가 일을 그만두면서 이런 요구를 했습니다.

K 사장 : 그동안 수고하셨습니다.

A 씨 : 감사했습니다. 그런데 정말 죄송하지만 퇴직금을 지급
해주셨으면 하는데요.

K 사장 : 무슨 소리에요? A 씨가 사정해서 미리 월급에 포함해
서 다 지급했는데…

A 씨 : 그렇긴 한데, 알아보니 퇴직금은 법적으로 월급에 포함
해서 주면 안 된다고 하더라고요. 지급 부탁드립니다.

K 사장 : 처음에 제가 안 된다고 했더니 믿으라고 하더니 너무
하네요.

A 씨 : 죄송합니다. 법대로 지급 부탁드립니다.

위 사례에서 A 씨는 사실 K 사장과 사전에 했던 약속을 잘 알고 있었

습니다. 하지만 현재 취업 당시보다 경제적으로 더 어려워져서 3년간의 퇴직금이 꼭 필요한 상황이 되다보니 사장과의 약속을 어기고 퇴직금을 요구한 것입니다. 사례의 A 씨는 실제로 고용노동부 진정을 통해 K 사장으로부터 3년 치 퇴직금(330만 원×3년=990만 원)을 지급받았습니다.

K 사장도 법원에 민사소송을 제기하여 월급에 포함해서 지급한 퇴직금을 반환받을 가능성은 있었습니다. 하지만 소송진행을 위해 들어가는 시간과 비용, 승소 후에 실제 반환받을 가능성 등을 고려했을 때 큰 실익이 없다고 판단해서 소송을 포기했습니다.

참고로 위 사례처럼 퇴직금을 월급에 포함해서 지급하는 문제에 대해서는 '4장 임금관리 중 퇴직금'에 대해 설명할 때(227쪽 참조) 더 자세히 다루도록 하겠습니다.

그럼 위 사례에서 K 사장의 실수는 무엇일까요? 사람을 너무 믿었다는 문제도 있습니다. 하지만 그보다는 A 씨에 대해 '신용불량상태이고 4대 보험도 가입하지 않았으니 일반 직원과는 조금 다르게 처리해도 문제가 없겠지?' 하고 안이한 마음을 가지고 있지는 않았을까요?

근로자라면 모두 동일한 법적 권리를 갖습니다. 따라서 K 사장 입장에서는 A 씨 역시 정규직원과 다르게 관리할 이유가 전혀 없으므로 최대한 동일하게 관리했어야 이후 법적인 문제를 최소화할 수 있었을 것입니다.

상담 시 사례의 K 사장이 한 말이 필자의 마음을 더욱 안타깝게 했습니다.

"사람을 믿고 3년이나 함께 일했는데 일이 이렇게 되니 돈도 돈이지만 마음의 상처를 많이 입었습니다. 앞으로는 직원을 믿지 못할 것 같습니다."

실제로 많은 사업주들이 이런 일을 겪고 나서 직원들을 신뢰하지 않게 됨으로써 직원들과의 관계가 악화되는 경우가 많습니다.

사회가 복잡해지면서 다양한 상황에 처한 사람들이 직원으로 들어올 수 있습니다. 물론 이런 직원 개개인의 사정에 맞춰 상호 간 합의를 통해 직원관리를 하는 방식이 효율적일 때도 있습니다. 하지만 최소한 내 가게나 사업체에서 일하는 모든 사람이 나의 근로자라는 인식을 갖고, 법에서 정하고 있는 최소한의 기준을 지키는 선에서 직원을 관리하는 것이 중요합니다.

🎯 사업자등록상 대표 VS 실질적 대표, 진짜 사장은 누구일까요?

C 사장은 과거 유통사업에 실패해 파산상태가 되었으나, 재기를 위해 사업자를 부인 명의로 바꿔서 기존 사업을 다시 시작했습니다. 이런 경우 법적으로는 누가 진짜 사장이 되는 것일까요?

필자가 사업현장에서 상담하다보면 이 사례처럼 사업자등록상 대표와 실질적 대표가 다른 경우가 많습니다. 그런데 C 사장과 같은 상황에 있는 사람들은 대부분 자신이 법적 대표가 아니라고 생각합니다. 하지만 세법 등의 다른 법률은 몰라도, 직원과의 관계에 있어서만큼은, 즉 노동법적으로는 형식적인 대표가 아닌 실질적으로 직원을 관리하고 경영하는 사람을 대표로 인정하고 있습니다.

일반적으로 직원과 사업체 간에 법적 분쟁이 발생하면 직원은 사업장 관할 고용노동지청에 진정 또는 고소를 합니다. 그런데 위 사례와 같은 경우 사건처리를 위해 누구를 대표자로 지정해야 할지 애매할 수 있습니다. 이런 경우 실무에서는 조사를 통해 실질적 대표를 파악해 책임을 지도록 하고 있습니다.

직원 입장에서도 얼굴 한 번 본 적 없거나, 실제 사업에 거의 관여하지 않는 사업자등록상 대표보다는 현장에서 사업을 지휘하고 자신들과 함께 일한 대표를 실제 대표로 인식할 것이며, 이것이 상식에도 부합한다고 생각됩니다.

따라서 위 사례와 같은 경우 직원과의 사이에서 문제가 발생했을 때 '나는 사업자등록상 대표가 아니니 책임이 없다' 하고 안이한 태도를 갖기보다는 실질적인 대표가 자신이라는 생각으로 적극적으로 대처하는 태도를 갖는 것이 이후 사건해결에 있어서 도움이 됩니다.

03 개인사업자인 당신도 내 직원이라고요?

"우리 가게에 개인사업자로 처리하고 있는 직원이 있는데, 이 사람은 근로자가 아니지요?"

근로자일 수도 있고, 아닐 수도 있습니다. 이것은 사업주들이 많이 오해하는 부분이자 최근 분쟁이 많은 사안이기도 합니다. 필자가 이런 사업체의 직원관리현황을 파악해보면 세법상 개인사업자 또는 프리랜서로 처리하고 있을 뿐, 실제로는 일반 직원과 동일한 경우가 대부분입니다. 즉, 실제로는 다른 직원과 똑같이 출·퇴근하고, 사업주의 지시를 받아 일을 하면서도 인건비만 개인사업자로 처리하는 것입니다.

일에 대한 대가를 처리하는 방식(임금을 지급하는 방식)이 근로소득세가 아닌 사업소득세(통상 '3.3% 처리'라고 함)로 처리한다는 이유만으로 근로자가 개인사업자가 되지는 않습니다. 이것은 앞서 근로자의 개념(24쪽 참조)을 설명했던 논리와 같습니다.

실제로는 근로자에 해당되는데 개인사업자나 프리랜서로 처리하다가 발생하는 문제는 크게 2가지로 요약할 수 있습니다.

첫째, 4대 보험 미가입 문제입니다. 개인사업자로 인건비를 처리하기 때문에 직원이라면 의무적으로 가입해야 하는 4대 보험에 가입하지 않게 됩니다. 이런 경우 고용보험 미가입으로 구직급여(통상 '실업급여'라고 하며, 실직 후 일정 기간 동안 고용지원센터를 통해 일정액을 지원받음)를 받지 못하거나, 산재 발생 시 산재보험의 보장을 받지 못하는 등의 피해가 발생할 수 있습니다. 또한 4대 보험 미가입에 따른 과태료 처분 등의 법적 불이익도 발생할 수 있으며, 사업주와 4대 보험 관리기관 간 또는 직원들 간에 분쟁이 발생하는 경우도 있습니다.

둘째, 실무적으로 더 큰 문제가 되는 퇴직금 미지급 문제입니다. 법적으로 개인사업자는 근로자가 아니므로 근로자퇴직급여보장법에 따른 퇴직금을 지급받을 권리가 없습니다. 이러한 이유로 사업주가 개인사업자나 프리랜서로 처리한 직원들에게 퇴직금을 지급하지 않았는데, 해당 직원들이 퇴직하면서 사업주에게 퇴직금 지급을 요구하는 사례가 자주 발생하고 있습니다. 이런 경우 고용노동부나 법원에서는 개인사업자 또는 프리랜서로 처리한 사람의 실제 근무상황을 파악해 개인사업자인지 근로자인지를 판단하고, 판단결과 근로자로 인정되면 퇴직금을 지급하라는 결정을 내리고 있습니다.

퇴직금분쟁은 주로 헤어숍에서 일하는 헤어디자이너, 각종 학원에서 일하는 학원 강사, 건설현장에서 일하는 기술인력, 성과에 대한 보상을 받는 영업 및 판매인력 등 통상적인 근무방식과 다른 분야에서 발생하고 있으며, 최근에는 대부분 근로자로 인정되는 추세입니다.

이런 경우 근로자인지 개인사업자인지를 판단하는 기준이 중요합니다. 일반적으로 근로자인지 아닌지를 판단할 때는 다음과 같은 기준을 적용하고 있습니다. 만약 현재 자신의 사업체에서 개인사업자로 처리하고 있는 인력이 있다면, 다음 기준에 따라 판단해보기 바랍니다. 판단결과 근로자에 해당된다면 특별한 사정이 없는 한 근로자로 인정하고 일반 직원과 동일하게 관리할 필요가 있습니다. 특히 퇴직금관리에 신경을 써야 합니다.

근로자성 판단기준

근로자를 판단하는 기준은 계약의 형식에 관계없이 실질에 있어 근로자가 사업 또는 사업장에 임금을 목적으로 종속적인 관계에서 사업주에게 근로를 제공했는지 여부로 판단합니다. 이때 종속적인 관계를 판단할 때는 아래의 기준 등을 종합적으로 고려하게 됩니다.

1. 업무내용을 사업주가 정하고 있는지
2. 취업규칙 등 사업주가 정한 인사규정 등의 적용을 받는지
3. 업무수행과정에서 사업주가 상당한 지휘나 감독을 하는지
4. 근무시간과 근무장소가 정해져 있으며, 이에 대한 구속을 받는지
5. 노무 제공자가 제3자를 고용하는 등 독립된 자신의 계산으로 사업을 영위하는지
6. 기본급이나 고정급이 정해져 있는지

■ 헤어숍에서 헤어디자이너를 개인사업자로 처리한 사례

헤어숍을 운영하는 C 원장은 헤어디자이너 K 씨를 채용하면서 다음과 같은 조건을 붙였습니다.

C 원장 : 월 급여는 250만 원이고, 3.3%로 비용처리(개인사업자로 처리한다는 의미임)할게요.

K 씨 : 네, 알겠습니다.

이후 K 씨는 C 원장의 지시에 따라 3년간 오전 10시에 출근하여 8시에 퇴근하며 주 5일 근무를 했고, 3년 후 퇴직을 결정하면서 C 원장에게 퇴직금을 요구했습니다.

C 원장 : 개인사업자로 처리했는데 퇴직금이 어디 있나요?

K 씨 : 비용처리하신 거랑 퇴직금 받는 게 무슨 관련이 있나요?

C 원장 : 제가 채용할 때 3.3%로 처리한다는 게 개인사업자로 처리한다는 의미였어요. 퇴직금을 지급하지 않는 걸 반영해서 급여를 높게 책정한 거고요. 그런데 이제 와서 그렇게 이야기하니까 황당하고 서운하네요.

K 씨 : 그렇게 생각하시다니 제가 더 서운하고 억울하네요.

이 사례는 결국 상호간 협의가 되지 않아 고용노동부에 사건이 접수되었습니다. 고용노동부에서는 임금이 매월 정액으로 지급되었고, 출·퇴근시간이 정해져 있었으며, 다른 일반 직원과 동일하게 근무한 점을 고려하여 K 씨를 근로자로 판단했습니다. 이러한 판단에 따라 결국 C 원장은 K 씨에게 3년 치 퇴직금 750만 원(250만 원×3년)을 지급하게 되었습니다.

이 사례에서 C 원장이 한 실수는 '개인사업자로 처리한 헤어디자이너에게는 퇴직금을 지급하지 않아도 된다'고 잘못 생각한 점입니다. C 원장이 처음부터 퇴직 시 퇴직금 지급을 고려해 K 씨와 협의하여 보수를 책정(인센티브비율 조정 등)했다면 퇴직금분쟁을 피할 수 있었을 것입니다.

지금까지 1장에서는 근로기준법 등 노동법을 중심으로 임금·인사·노무관리의 기본개념에 대해 살펴보았습니다. 그런데 사업현장에서 이러한 노동법을 적용하는 데 있어서는 상시근로자 수에 대한 판단이 매우 중요합니다. 특히 상시근로자 수가 5인 이상인지 미만인지가 중요합니다. 상시근로자 수가 5인 미만인 경우 법 적용에서 제외되는 경우가 많기 때문입니다(39쪽 참조).

상시근로자 수를 판단할 때는 사업주가 생각하는 기준이 아니라, 실제 법적 기준이 적용된다는 점에 유의해야 합니다. 따라서 상시근로자 수를 판단할 때는 앞서 살펴본 4대 보험 미가입자, 아르바이트직원, 개인사업자로 처리하는 직원 중 실제로 근로자로 인정되는 모든 직원을 고려해야 합니다.

상시근로자 수의 산정방법(근로기준법시행령 제7조의 2)
상시 사용하는 근로자 수는 법 적용 사유 발생일 전 1개월(산정기간) 동안 사용한 근로자의 총 인원(하루 단위로 일한 직원 수를 1개월 동안 합산한 인원)을 같은 기간 중 근무일수로 나누어 산정합니다. 이때 근로자 수는 일용직근로자, 아르바이트, 외국인근로자도 포함됩니다.

※상시근로자 수=1개월 동안 사용한 총 인원÷1개월 동안 중 가동일수
예) 한 달간 총 사용인원이 150명이고 근무일이 26일인 경우 근로자 수
   → 150명÷26일=약 5.76명

다만 계산상으로 상시근로자 수가 5인 미만이더라도 산정기간 동안 5명이 넘는 근로자가 일한 가동일수(근무일)가 50% 이상인 경우에는 상시근로자 5인 이상 사업장으로 인정됩니다.
반대로 계산상으로 상시근로자 수가 5인 이상이더라도 산정기간 동안 5명이 안 되는 근로자가 일한 가동일수(근무일)가 50% 이상인 경우에는 상시근로자 5인 이상 사업장에 해당되지 않습니다.

🎯 직원 수(상시근로자 수)는 몇 명일까요?

A 원장은 다음과 같은 사람들을 고용하여 학원을 운영하고 있습니다.
직원 수는 몇 명일까요?

• 원장 : 실제 학원운영과 강의를 담당

- 원장의 남편 : 학원의 형식적인 대표이지만 학원관리는 하지 않음
- 전임강사 3명 : 월급직 2명, 변동급 직원 1명 – 기본급 + 인센티브(학생 수에 따라 변동)
- 파트강사 1명 : 월 평균 1~2회 방문해 특강을 진행하고 특강비 수령. 특강은 강의개설에 따라 변동적으로 진행
- 행정인력 1명 : 고정 월급직
- 아르바이트직원 1명 : 매일 오후에 출근하여 5시간 정도 사무보조업무를 담당

실제로 필자가 A 원장에게 직원 수를 물었을 때 몇 명이라고 대답했을까요? A 원장은 '1명(행정인력)인지, 2명(아르바이트직원 포함)인지 판단하기 어렵다'고 했습니다. 다른 학원 원장들에게 물어보아도 비슷한 대답이 나오지 않을까 생각됩니다. 학원업종에서는 강사들을 직원으로 보기보다는 개인사업자로 인식하는 경향이 강하기 때문입니다. 하지만 강사들의 근무형태가 원장의 지시에 따라 전임으로 일하면서 정해진 월급을 받고 있다면, 특별한 경우를 제외하고는 근로자로 판단할 수 있습니다.

위 사례에서 원장 및 원장의 남편은 대표자의 지위에 있으므로 근로자가 아닙니다. 파트강사의 경우 정해진 강의를 하기보다는 필요한 경우에만 특강을 하고 특강비를 지급받고 있기 때문에 근로자로 보기는 어렵고 프리랜서 강사인 개인사업자로 판단됩니다.

결과적으로 위 사례의 경우 A 원장의 생각과는 달리 직원(상시근로자) 수가 전임강사 3명과 행정인력 및 아르바이트직원 각 1명을 합한 총 5

명이 됩니다. 따라서 상시근로자 수 5인 이상 사업장에 해당되므로 퇴직금 지급은 물론, 주 40시간 이상 근무 시 연장근무수당(99쪽 참조)을 지급해야 하며, 근로기준법에 따라 연차휴가(124쪽 참조)도 부여해야 합니다.

상시근로자 수에 따라 적용되는 주요 노동법 사항은 다음 표와 같습니다. 직원 수 변동에 따라 해당 내용을 확인하여 꼼꼼하게 적용해 관리할 필요가 있습니다.

● 상시근로자 수에 따른 주요 노동법 적용사항

상시근로자 수에 따른 구분	내용	관련 규정 및 위반 시 벌칙	관련 내용 (쪽수)
전 사업장 공통 적용 (1인 이상 사업장)	최저임금 이상 지급	근무시간 대비 임금은 무조건 최저임금 이상 지급해야 함 → 3년 이하 징역 또는 2,000만 원 이하 벌금	184~198
	근로계약서 작성	모든 근로자와 근로계약서를 작성해야 함 → 500만 원 이하의 벌금	48
	주휴일 (주휴수당)	1주일의 소정근로일을 만근하는 경우 1일 이상의 유급휴일을 부여해야 함 → 2년 이하 징역 또는 2,000만 원 이하 벌금	115~121
	휴식시간	4시간 근무 시 30분 이상, 8시간 근무 시 1시간 이상 휴식시간을 부여해야 함 → 2년 이하 징역 또는 2,000만 원 이하 벌금	87~96
	해고예고 (해고예고수당)	해고 시 30일 전에 예고하거나, 30일 분의 통상임금을 지급해야 함 → 2년 이하 징역 또는 2,000만 원 이하 벌금	256~258
	퇴직급여 지급	1년 이상 근무 시 퇴직금을 지급해야 함 → 3년 이하 징역 또는 2,000만 원 이하 벌금	213~224
	4대 보험 가입	가입요건 충족 시 고용보험, 산재보험, 국민연금 및 건강보험에 의무적으로 가입해야 함 → 4대 보험별 과태료 부과	271~282
5인 이상 사업장	1주 40시간 제도	소정근무시간은 휴게시간을 제외하고 1주 40시간을 초과할 수 없음 → 2년 이하 징역 또는 2,000만 원 이하 벌금	87~109

5인 이상 사업장	연장근무 제한	1주간의 연장근무시간은 12시간을 넘지 못함 → 2년 이하 징역 또는 2,000만 원 이하 벌금	97~99
	가산수당 지급	연장근무, 야간근무, 휴일근무 시 통상임금의 50% 가산수당을 지급해야 함 → 3년 이하 징역 또는 3,000만 원 이하 벌금	98~107
	연차휴가 부여 (연차수당)	근무연수에 따라 연차휴가를 부여하고, 미사용 시 연차휴가 미사용수당을 지급해야 함 → 2년 이하 징역 또는 2,000만 원 이하 벌금	124~130
	해고제한	근로자를 해고하려면 정당한 이유가 필요함	260~263
10인 이상	취업규칙 작성	취업규칙을 작성하여 사업장 관할 고용노동(지)청 에 신고해야 함 → 500만 원 이하 과태료	293~298

개인사업자 및 소규모 사업주들을 위한 임금 · 인사 · 노무관리

2장

근로계약관리 :
근로계약서 작성하기

아무리 보잘것없는 것이라 하더라도 한 번 약속한 일은 상대방이 감탄할
정도로 정확하게 지켜야 한다.

- 카네기

01 근로계약서를 꼭 써야 하나요?

"사장님, 부동산 매매계약서나 임대차계약서를 작성하시나요?"

이 질문에 대해서는 대부분의 사업주들이 '예'라고 대답합니다.

"그럼 근로계약서는 작성하시나요?"

이 질문에 대해서는 점점 '예'라는 대답이 많아지고는 있지만, 소규모 사업체를 운영하는 사업주들의 경우 여전히 현실적으로 '아직'이라는 대답이 많습니다. 대부분의 사업주들이 근로계약서를 작성해야 한다는 사실은 알면서도 '여태까지 큰 문제없었으니 앞으로도 괜찮을 거야!' 하는 마음으로 작성을 미루는 경우가 여전히 많다고 생각됩니다.

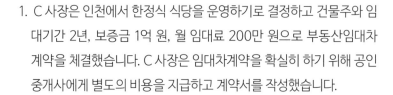

🎯 C 사장의 계약관리는 합리적일까요?

1. C 사장은 인천에서 한정식 식당을 운영하기로 결정하고 건물주와 임대기간 2년, 보증금 1억 원, 월 임대료 200만 원으로 부동산임대차계약을 체결했습니다. C 사장은 임대차계약을 확실히 하기 위해 공인중개사에게 별도의 비용을 지급하고 계약서를 작성했습니다.

2. C 사장은 식당운영을 위해 정규직원 10명과 주말에만 일하는 아르바이트직원 4명을 고용하면서 근로계약서는 작성하지 않고, 월 인건비 총액을 3,000만 원으로 책정했습니다.

먼저 C 사장이 한 2가지 행동을 '금전적 측면'에서 검토해보겠습니다.

C 사장이 식당임대를 위해 한 임대차계약은 2년 후 보증금 1억 원을 돌려받기 위한 계약입니다. 이를 위해 공인중개사에게 수수료까지 내면서 계약서를 작성한 것입니다.

또한 C 사장은 직원을 채용하면서 2년간(부동산임대기간)의 임금을 총 7억 2,000만 원(월 3,000만 원×24개월)으로 책정했습니다. 그런데 이 경우 C 사장 입장에서 해당 임금을 직원들에게 정당하게 지급했다는 증빙이 필요합니다. 이에 대해 많은 사업주들이 "급여를 통장으로 보내준 것으로 증명이 되지 않느냐?" 하고 이야기합니다. 물론 이것이 각 직원의 통장에 입금된 금액을 임금으로 지급했다는 근거가 될 수는 있습니다. 하지만 통장에 입금된 금액이 모든 임금이 정확히 지급되었다는 증명이 되지는 못합니다.

극단적으로 매월 통장으로 250만 원을 지급받은 직원이 자신의 월급이 원래 300만 원이라고 주장한다면, 애초에 당사자 간에 월급을 250만 원으로 합의했다는 사실을 증명하기가 곤란해질 수 있습니다.

또한 250만 원의 임금이 어떤 조건으로 결정된 금액인지를 정확히 설명할 수 있어야 합니다. 예를 들어 C 사장과 직원이 1주에 45시간 근무하기로 합의하고 250만 원을 지급했는데, 직원이 250만 원은 주 40시간에 대한 대가이고 5시간에 대한 대가는 별도로 지급받기로 했다고 주장하면 이 또한 증명할 필요가 생깁니다.

소규모 사업체 입장에서 이러한 사실을 구체적으로 증명할 수 있는 거의 유일한 서류가 바로 '근로계약서'입니다. 따라서 근로계약서는 작성해두면 좋은 것이 아니라, 반드시 작성해야 하는 서류입니다.

위 사례에서 C 사장 입장에서는 1억 원의 임대보증금보다 임금으로 지급하는 7억 2,000만 원(2년간 총 인건비)이 훨씬 큰 금액입니다. 따라서 임대차계약서뿐만 아니라 임금 지급의 근거를 분명히 하기 위해 반드시 근로계약서를 작성할 필요가 있습니다.

다음은 C 사장이 한 2가지 행동을 '위험관리 측면'에서 검토해보겠습니다.

현실적으로 사업을 하다보면 임대보증금과 관련해서 문제가 발생하는 경우보다 인건비와 관련해서 분쟁이 발생할 확률이 훨씬 높습니다. 또한 임대차계약분쟁보다 직원과 사업주 간에 발생하는 임금 관련 분쟁이 복잡하고 해결도 어려운 경우가 많습니다. 노동분쟁은 여러 가지 인간관계가 얽혀있고 다양한 상황에서 발생하기 때문에 그 사실관계를 증명하기 힘든 부분이 많기 때문입니다.

결론적으로 금전적으로 보나 위험관리 측면으로 보나 임대차계약만큼이나 근로계약관리 역시 철저히 해야 합니다. 그럼에도 불구하고 많은 사업주들이 근로계약관리를 소홀히 하는 까닭은 아마 '직원들과 큰 문제가 없을 것'이라는 사업주 스스로의 믿음 때문인 것으로 보입니다. 하지만 이런 믿음과는 달리 현실에서는, 특히 소규모 사업체에서는 사업주와 직원 간의 노동분쟁이 지속적으로 증가하고 있습니다.

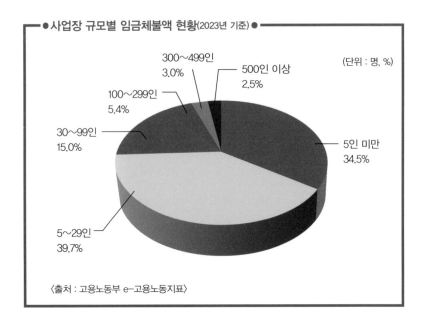

●사업장 규모별 임금체불액 현황(2023년 기준)●

(단위 : 명, %)

300~499인 3.0%
500인 이상 2.5%
100~299인 5.4%
30~99인 15.0%
5인 미만 34.5%
5~29인 39.7%

〈출처 : 고용노동부 e-고용노동지표〉

02 근로계약서를 어떻게 작성해야 좋은 건가요?

지금까지 근로자의 개념과 사업주가 직원으로 관리해야 하는 대상이 누구인지 살펴보았습니다. 또 사업주와 직원들 간에 근로계약서를 작성하는 것이 중요하다는 사실도 알아보았습니다. 여기서는 근로계약서를 어떻게 작성하는 것이 효과적인지 구체적으로 하나하나 살펴보겠습니다.

근로계약서와 관련된 법조항은 다음과 같습니다.

관련 법조항

근로기준법 제2조(정의)
4. '근로계약'이란 근로자가 사용자에게 근로를 제공하고 사용자는 이에 대하여 임금을 지급하는 것을 목적으로 체결된 계약을 말한다.

근로기준법 제17조(근로조건의 명시)
사용자는 근로계약을 체결할 때에 근로자에게 다음 각 호의 사항을 명시하여야 한다. 근로계약 체결 후 다음 각 호의 사항을 변경하는 경우에도 또한 같다.

1. 임금 : 임금의 구성항목 · 계산방법 · 지급방법

2. 소정근로시간

3. 휴일 및 연차휴가 관련 사항

4. 근무장소 및 업무내용 등

※작성 후에는 서면으로 근로자에게 교부해야 함
→ 위반 시 500만 원 이하의 벌금

기간제 및 단시간근로자 보호 등에 관한 법률(이하 기간제법) 제17조(근로조건의 명시)
사용자는 기간제근로자 또는 단시간근로자와 근로계약을 체결하는 때에는 다음 각 호의 모든 사항을 서면으로 명시하여야 한다.

1. 근로계약기간에 관한 사항

2. 근로시간 · 휴게에 관한 사항

3. 임금의 구성항목 · 계산방법 및 지불방법에 관한 사항

4. 휴일 · 휴가에 관한 사항

5. 취업의 장소와 종사하여야 할 업무에 관한 사항

6. 근로일 및 근로일별 근로시간(단시간근로자만 해당)
→ 위반 시 500만 원 이하의 과태료

(1) 누구와 작성해야 하나요?

모든 직원입니다. 근로계약서는 정규직원뿐만 아니라 계약직직원, 아르바이트직원(단시간근로자), 일용근로자, 외국인근로자(73~74쪽 서식 참조)

등 사업체에서 고용하고 있는 모든 직원을 대상으로 작성해야 합니다. 개인신용에 문제가 있어 직원등록을 못하는 신용불량상태의 직원, 체류기간이 지나 불법체류상태인 외국인근로자와도 향후 발생 가능한 법적 분쟁을 예방하기 위해 근로계약서는 반드시 작성해야 합니다. 다만 근로계약서를 작성했다고 해서 모든 법적인 책임(4대 보험 미가입, 불법체류직원 고용에 따른 벌금 등)이 면제되지는 않습니다.

그렇다면 학원 강사나 미용실 헤어디자이너, 실적에 따라 보수가 책정되는 영업사원처럼 일반 직원들과는 다른 형태로 일하는 사람들과는 어떤 계약을 해야 할까요? 이런 경우에는 실제 업무형태로 보아서 근로자로 판단(34쪽 '근로자성 판단기준' 참조)된다면 근로계약을 체결하고, 개인 사업자로 판단된다면 그와 관련된 프리랜서 계약서(업무위탁계약서, 업무위임약정서 등 명칭은 다양함)를 작성하는 것이 좋습니다.

이때 실제 프리랜서 또는 개인사업자임에도 불구하고 계약서 양식을 일반 근로계약서 양식 그대로 사용하거나 약간 변형해서 사용하는 경우, 사업주의 의도와는 달리 향후 근로자인지 아닌지를 판단하는 데 있어서 불리하게 작용할 수 있다는 사실에 주의해야 합니다. 따라서 프리랜서 또는 개인사업자와 계약할 때는 일반 근로계약서 형태가 아닌 실제 계약내용을 반영한 '프리랜서 계약서'를 작성할 필요가 있습니다. 만약 계약서 형태나 작성방법을 잘 모르겠다면 전문가의 도움을 받거나 인터넷에 있는 프리랜서 계약서를 사업장에 맞게 수정해서 사용하면 됩니다.

(2) 언제 작성해야 하나요?

근로계약서 작성대상 직원의 '첫 출근일'에 작성하는 것이 좋습니다. 이와 관련해 채용한 직원이 출근하고 며칠 안에 퇴사하는 경우가 빈번해서 일정 기간 동안 근로계약 체결을 미루는 사업주들이 많습니다. 이런 경우 해당 직원이 계속 근무한다면 문제가 없을 수 있지만, 단기간 일하고 그만두는 경우 해당 직원과 노동분쟁이 발생했을 때 근로계약서 미작성으로 인해 사업주가 처벌받을 수 있습니다.

실제로 필자가 자문을 맡고 있는 한 프랜차이즈기업에서 8일간 근무하고 퇴사한 직원과 법적 분쟁이 생긴 적이 있었는데, 근무기간 중 발생한 임금분쟁과는 별도로 근로계약서를 작성하지 않았다는 이유로 해당 기업이 200만 원 이상의 과태료 처분을 받은 사례가 있습니다.

한편, 직원의 공식적인 입사일을 4대 보험 가입일로 인식하는 사업주들이 있습니다. 하지만 4대 보험을 언제 가입했는지와는 상관없이 직원이 실제 근무를 시작하는 날이 첫 근무일이 되며, 퇴직금을 계산하는 시작일이 됩니다. 따라서 근로계약서 작성 시 근무 시작일은 4대 보험 가입일이 아닌 첫 출근일로 기재해야 합니다.

(3) 근무조건이 바뀌면 근로계약서를 다시 써야 하나요?

변경된 근무조건을 반영하여 서면으로 근로계약서를 재작성하고 직원에게 1부를 교부해야 합니다. 임금이 변경되는 경우, 특히 연봉이나 월 급여가 '낮게' 조정되는 경우에는 해당 사항을 반영해 근로계약서를 다시 작성할 필요가 있습니다.

다만 다른 조건이 변경되지 않고, 근로계약기간만 연장하는 경우에는 다음과 같이 근로계약서상에 '자동갱신조항'을 넣어서 다시 작성하지 않을 수 있습니다.

● **자동갱신조항 작성 사례**

> 계약기간 만료일 30일 전까지 별도의 근로계약 갱신이 없는 경우 동일한 조건으로 재계약한 것으로 한다.

(4) 수습기간을 두고 싶은데 어떻게 해야 하나요?

수습근로자도 입사와 동시에 근로계약을 체결하는 것이 중요합니다. 종종 수습기간 중에는 근로계약서를 작성하지 않고, 정식 근로자가 되었을 때 근로계약서를 작성하는 경우가 있는데, 이런 경우 수습기간 동안 근로계약서를 작성하지 않은 사실에 대해 처벌받을 수 있습니다.

특히 근로계약서에 수습기간과 해당 수습기간 중에 받는 임금에 대해 명확히 기재하지 않으면 수습기간 자체를 인정받지 못할 수 있습니다. 이럴 경우 사업주 입장에서 수습기간 중 임금감액(최저임금의 90% 적용)을 적용받지 못하게 되는 등의 불이익이 생길 수 있습니다. 따라서 근로계약서를 작성할 때는 반드시 다음과 같이 수습기간을 적용한다는 사실과 수습기간 중 받는 임금액을 명시해야 합니다.

● **수습기간조항 작성 사례**

> 수습기간은 입사 후 3개월로 하며, 수습기간 중의 임금은 정상급여의 90%로 한다.

수습기간을 얼마나 정해야 하는지는 법률로 정해지지 않았으나, 일반적으로 3개월 정도 두는 경우가 많습니다. 또한 수습 종료 후 해당 직원과 협의하여 수습기간을 연장하는 방식도 가능하며, 경력이 있는 직원에게 수습기간을 적용하는 방식도 가능합니다.

단, 수습기간 중 임금감액은 근로계약을 '1년 이상'으로 체결하는 경우에만 적용됩니다. 또한 2018년 3월 20일부터는 '단순 노무업무'에 대해서는 수습기간 중에도 최저임금의 90%를 적용하지 못하도록 최저임금법이 개정되었습니다. 이에 따라 아르바이트직원의 경우 계약기간이 1년이 넘지 않고 단순 노무업무에 종사하는 경우가 많아서 특별한 경우를 제외하고는 최저임금 90% 적용은 어려울 것으로 판단됩니다.

관련 법조항

최저임금법 제5조(최저임금액)
② 1년 이상의 기간을 정하여 근로계약을 체결하고 수습 중에 있는 근로자

로서 수습을 시작한 날부터 3개월 이내인 자에 대하여는 대통령령으로 정하는 바에 따라 제1항에 따른 최저임금액과 다른 금액으로 최저임금액을 정할 수 있다. 다만, 단순노무업무로 고용노동부장관이 정하여 고시한 직종에 종사하는 근로자는 제외한다. (시행일 : 2018.3.20.)

단순노무직종 근로자 지정 고시

고용노동부 고시 제2018-23호
최저임금법 제5조 제2항에 따른 '단순노무업무로 고용노동부장관이 정하여 고시한 직종에 종사하는 근로자'란 한국표준직업분류상 대분류 9(단순노무종사자)에 해당하는 사람을 말한다.

※ 한국표준직업분류상 대분류 9(단순노무종사자)

91 건설 및 광업 관련 단순노무직	92 운송 관련 단순노무직
93 제조 관련 단순노무직	94 청소 및 경비 관련 단순노무직
95 가사 · 음식 및 판매 관련 단순노무직	99 농림 · 어업 및 기타 서비스 단순노무직

〈출처 : 최저임금 100% 적용 단순노무종사자 한국표준직업분류, 고용노동부, 2018.3〉

(5) 수습직원은 자유롭게 해고해도 괜찮나요?

아닙니다. 이것은 필자가 상담 중에 매우 많이 접하는 질문이면서, 사업현장에서 분쟁이 많이 발생하는 부분이기도 합니다. 사업주들이 수습직원을 자유롭게 해고해도 된다고 생각하는 이유는 수습기간을 '일종의 테스트 기간'으로 보고 수습직원도 이에 동의했다고 판단하기 때문입니다. 즉, 수습기간 중 써보고 괜찮으면 계속 채용하고, 업무능력이 떨어지고 사업장이나 기존 직원들과 맞지 않는다고 판단되면 그만두게 하겠다는 생각을 하고 있는 것입니다.

수습기간을 둔다는 것은 '이미 정규직으로 채용한 상태에서 신입직원으로서 담당업무와 사업장환경에 적응할 기간을 부여하는 것'으로 이해해야 합니다. 따라서 수습직원이라고 해서 함부로 해고하면 부당해고가 될 수 있다는 사실에 주의해야 합니다. 실제로도 사업주들의 이런 잘못된 생각 때문에 수습기간 중에 많은 부당해고사건이 발생하고 있습니다.

만약 수습기간을 신입직원의 업무적응기간으로 생각하지 않고 일종의 테스트 기간으로 운용할 생각이라면, 수습기간만큼을 계약기간으로 설정하여 '계약직 근로계약'을 체결하는 것이 좋습니다. 예를 들면 직원 채용 시 수습기간을 두는 대신 3개월의 계약직 근로계약을 체결한 후에 계속고용 여부를 판단하면 됩니다. 만약 계속 고용하기로 했다면 정규직 근로계약으로 전환하면 되고, 계속 고용할 생각이 없다면 계약직 근로계약을 종료하면 됩니다. 이래야만 해고로 인한 분쟁이 발생하지 않습니다. 다만 이런 방식을 활용할 때는 신규직원이 사전에 계약직 근로계약에 동의해야 하는 절차가 필요합니다. 또한 채용공고 시 계약직 평가 후에 정규직으로 전환될 수 있음을 분명히 명기해야 법적 분쟁을 예방할 수 있습니다.

⑥ 계약직직원과 근로계약 체결 시 주의해야 할 점은 없나요?

무엇보다 다음과 같이 계약기간이 언제 종료되는지, 즉 종료일을 명확히 기입하는 것이 중요합니다.

● **계약직의 근로계약기간 작성 사례**

> 20 년 월 일부터 20 년 월 일까지로 하며, 기간만료 30일 전 근로계약을 갱신하지 아니한 때에는 계약기간 만료일에 근로계약은 자동 종료된다.

이런 식으로 계약종료일을 명확히 기입하지 않으면, 계약기간을 정하지 않은 정규직으로 인정될 수 있기 때문에 주의가 필요합니다. 만약 계약기간이 종료되어서 재계약을 원하는 경우 계약종료일 다음날을 근로계약 시작일로 하면 됩니다.

기간제 및 단시간근로자 보호 등에 관한 법률에 따르면 계약직 근로계약을 연속해서 2년을 초과하게 되면 정규직으로 전환됩니다. 결과적으로 계약직 근로계약은 연속해서 2년까지만 할 수 있습니다.

근로계약서상 근로계약기간을 1년으로 하고 매년 반복적으로 근로계약서를 작성하는 경우도 있습니다. 그런데 이런 경우에도 연속해서 2년 이상 근로계약을 유지하면 2년 후부터는 정규직으로 전환되기 때문에, 근로계약서를 1년 단위로 다시 작성했다고 해서 계약종료일에 계약을 종료할 수 없습니다. 만약 직원의 의사와 달리 일방적으로 계약을 종료하면 부당해고에 해당될 수 있습니다.

다만 계약직 근로계약을 2년 이상 유지하더라도 정규직으로 전환되지 않는 예외가 있습니다. 상시근로자 수 5인 미만 사업장의 경우 계약기간에 상관없이 정규직으로 강제전환되지 않습니다. 또한 상시근로자 수와 상관없이 만 55세 이상의 근로자(법률상 '고령자'로 분류)와 계약직 근로계약을 2년 이상 유지한 경우에도 정규직으로 전환되지 않습니다. 박사학위 소지자와 변호사, 공인노무사 등 전문자격 소지자의 경우에도 계속해서 계약직 근로계약을 체결할 수 있습니다.

관련 법조항

기간제 및 단시간근로자 보호 등에 관한 법률 제4조(기간제근로자의 사용)
① 사용자는 2년을 초과하지 아니하는 범위 안에서(기간제 근로계약의 반복 갱신 등의 경우에는 그 계속근로한 총기간이 2년을 초과하지 아니하는 범위 안에서) 기간제근로자를 사용할 수 있다. 다만, 다음 각 호의 어느 하나에 해당하는 경우에는 2년을 초과하여 기간제근로자로 사용할 수 있다.
  1. 사업의 완료 또는 특정한 업무의 완성에 필요한 기간을 정한 경우
  2. 휴직 · 파견 등으로 결원이 발생하여 당해 근로자가 복귀할 때까지 그 업무를 대신 할 필요가 있는 경우
  3. 근로자가 학업, 직업훈련 등을 이수함에 따라 그 이수에 필요한 기간을 정한 경우
  4. 「고령자고용촉진법」 제2조 제1호의 고령자와 근로계약을 체결하는 경우
  5. 전문적 지식 · 기술의 활용이 필요한 경우와 정부의 복지정책 · 실업대책 등에 따라 일자리를 제공하는 경우로서 대통령령이 정하는 경우
  6. 그 밖에 제1호 내지 제5호에 준하는 합리적인 사유가 있는 경우로서 대

개인사업자 및 소규모 사업주들을 위한 임금 · 인사 · 노무관리

통령령이 정하는 경우

② 사용자가 제1항 단서의 사유가 없거나 소멸되었음에도 불구하고 2년을 초과하여 기간제근로자로 사용하는 경우에는 그 기간제근로자는 기간의 정함이 없는 근로계약을 체결한 근로자로 본다.

(7) 단기 아르바이트직원이나 일당제 직원과도 근로계약서를 써야 하나요?

당연히 작성해야 함은 물론, 정규직원과 달리 근로계약 유지기간이 짧기 때문에 근무 시작일에 곧바로 작성해야 합니다. 아르바이트직원이나 일당제 직원 등 짧은 기간 동안 일하는 직원들과 근로계약서를 작성하지 않거나, 일정 기간 경과 후에 작성하는 경우가 있습니다. 그런데 현실적으로 이렇게 근로관계가 느슨한 직원들과의 노동분쟁이 오히려 많이 발생하고 있으며, 이로 인해 사업주들이 많은 피해를 보고 있다는 사실에 유의해야 합니다. 따라서 정규직원과 마찬가지로 아르바이트직원이나 일당제 직원과도 근로조건을 명확히 하여 근로계약서를 작성해야 합니다.

▌ 아르바이트직원에 대한 근로계약서 미작성 사례

보습학원에서 채점 아르바이트를 하던 A 씨는 8일 만에 갑자기 일을 그만두었습니다. 당황한 K 원장은 A 씨에게 수차례 연

락해보았으나 연락이 되지 않았고, 얼마 지나지 않아 고용노동부로부터 '근로계약서 미작성'을 이유로 한 출석요구서가 날라왔습니다. 결국 조사를 통해 근로계약서 미작성 사실이 인정되어 K 원장은 과태료 240만 원을 부과 받았습니다.

사실 K 원장은 아르바이트직원이 하도 자주 바뀌어서 2주 정도 지난 후에도 계속 일하는 아르바이트직원과만 근로계약서를 작성해왔는데, 근무기간이 채 2주가 안 된 직원과 이런 일이 생겨서 속상해 했습니다. K 원장은 지금도 A 씨가 어떤 불만 때문에 그만두었는지, 연락이 안 되는 이유가 무엇인지, 왜 고용노동부에 신고했는지를 정확히 알지 못합니다.

■ 자진 퇴사한 아르바이트직원과의 해고분쟁 사례

최근 커피 프랜차이즈 전문점을 시작한 A 사장은 일주일 전에 채용한 아르바이트직원의 근무태도에 문제가 많아 골치가 아팠습니다. 수차례 주의를 주었지만 개선이 되지 않아 불편한 관계가 지속되었습니다. 다행히 얼마 전 해당 직원이 자발적으로 그만두겠다고 해서 문제가 해결되는 듯 보였습니다.

하지만 해당 직원이 갑자기 자신이 해고되었다고 주장하며 해고예고수당(통상 한 달 정도 급여)을 지급해달라고 요구했습니다. 이에 A 사장은 직원 스스로 사직한 것이니 지급할 수 없다고 맞섬으로써 결국 노동분쟁이 발생했습니다.

다행히 고용노동부 조사를 통해 해고가 아닌 것으로 판단되어

A 사장은 해고예고수당은 지급하지 않아도 되었지만, 해당 아르바이트직원과 근로계약서를 작성하지 않았다는 사실이 문제가 되었습니다. 해당 직원은 근로계약서 미작성 사실을 고용노동부에 신고하겠다고 으름장을 놓으며 지속적으로 해고예고수당 지급을 요구했습니다. A 사장은 어쩔 수 없이 일정액의 합의금을 지급하고 사건을 서둘러 마무리할 수밖에 없었습니다.

위의 사례들처럼 최근 근로계약서를 작성하지 않았다는 이유로 직원의 부당한 요구를 들어주었다는 사례가 여러 가지 형태로 발생하고 있으며, 해당 사례들이 언론에 소개되기도 했습니다. 다시 한 번 강조하지만, 근로계약서는 '모든 근로자'와 '반드시' 작성해야 합니다.

(8) 근로계약서를 작성할 때 어떤 사항에 유의해야 하나요?

사업을 운영하다보면 업무상황에 따라 직원들의 근무장소 및 업무내용을 변경해야 하는 상황이 생깁니다. 이때 사업주가 일방적으로 근무장소 및 업무내용을 변경하면 법적으로 문제가 될 수 있으므로 사전에 직원들과 협의하여 변경하는 것이 좋습니다. 또한 근로계약을 체결할 때 다음과 같이 업무상황에 따라 근무장소나 업무내용 등이 변경될 가능성이 있음을 명시하여 사전에 고지해두면 불필요한 분쟁을 예방할 수 있습니다.

● 근무장소 및 업무내용 변경 관련 사항 작성 사례

> 사용자는 업무의 필요에 따라 근로자의 의견을 들어 근무장소 및 담당업무
> 를 변경할 수 있다.　　　　　　　　동의자 : ＿＿＿＿＿＿＿ (서명)

이번에는 다음 사례를 통해 근로계약서 작성과 관련하여 사업주들이 많이 실수하는 내용들에 대해 좀 더 살펴보겠습니다.

■ 4대 보험 미가입과 임금 대리수령을 명시하여 근로계약서를 작성한 사례

제조업체를 운영하는 P 대표는 S 씨를 직원으로 채용하면서 근로계약서를 작성하려고 합니다. 그런데 S 씨는 자신의 개인 사정을 들어 P 대표에게 근로계약서 작성과 관련하여 여러 가지 요구를 했습니다.

P 대표 : 임금이나 근무조건이 결정되었으니 근로계약서를 작
　　　　　성합시다.

S 씨 : 조그만 공장인데 근로계약서를 쓰시나 보죠?

P 대표 : 네, 요즘은 다 써야 해요.

S 씨 : 알겠습니다.

P 대표 : 4대 보험은 가입해야죠?

S 씨 : 4대 보험이요? 제가 경제적으로 어려워서 제 월급에서

보험료를 뗄 거면 가입하지 않았으면 합니다.

P 대표 : 일단 알겠습니다. 그럼 월급을 통장에 넣어주어야 하
니 계좌번호를 알려주세요.

S 씨 : 제가 현재 신용상태가 좋지 못해서 월급은 와이프 통장
에 넣어주시면 감사하겠습니다.

P 대표 : 그렇군요. 그럼 혹시 문제가 될 수 있으니 근로계약서
에 해당 내용을 적는 게 좋겠습니다.

S 씨 : 배려해주셔서 감사합니다.

P 대표는 S 씨와 근로계약서를 작성하고 근로계약서 하단에
다음과 같이 기입했습니다.

> (특약) 4대 보험은 직원이 가입을 원치 않았으며, 월 급여는 부인 통장으로 받기
> 로 하였음. 이는 모두 직원이 원한 것이며, 법률적으로 문제가 발생할 경우 모두
> 직원 S 씨가 책임지기로 함.

P 대표는 이런 특약사항을 기입하고 근로계약서를 잘 작성했
다는 생각으로 뿌듯해 했습니다.

어떤가요? P 대표의 생각처럼 필요한 내용을 모두 기입해서 잘 작성
한 근로계약서라고 생각되나요? 상담을 하다보면 사례의 P 대표처럼 오
해하는 부분이 있습니다. 바로 근로계약서에 필요한 내용을 써두기만
하면 '만사 오케이'라고 생각하는 점입니다. 아마도 사업을 하다보면 주

로 민법 및 상법상의 계약을 하게 되는데, 민법에서는 기본적으로 당사자 간에 합의한 약속의 효력을 인정하기 때문에 근로계약도 마찬가지라고 생각해서인 듯합니다.

하지만 앞에서 설명했듯이 노동법은 사용자와 근로자 간에 지켜야 할 최소한의 기준을 규정한 법이기 때문에, 당사자끼리 합의했다고 해서 노동법이 정한 기준을 지키지 않아도 되는 것이 아닙니다. 즉, 노동법은 '무조건' 지켜야 하는 법이기 때문에, 근로계약서에 계약 당사자 간에 합의한 내용을 명시했다고 해서 법적으로 인정되지 않습니다. 한마디로 법 기준에 맞지 않는 합의사항은 아무런 효력이 없습니다.

위 사례에서 신규직원 S 씨가 4대 보험 가입기준에 충족되는 근로자라면 무조건 4대 보험에 가입해야 합니다. 임금도 근로기준법상 반드시 근로자 본인에게 지급하도록 강제되어 있기 때문에 계약 당사자끼리 약속했다고 해서 괜찮은 것이 아닙니다.

또한 위 사례에서 계약서상에 해당 합의사항(약속)이 법률적으로 문제가 되는 경우 근로자가 책임진다는 특약사항을 명시했지만, 이것은 법을 어긴 특약으로써 무효가 되며, 실제로 법적인 책임은 사업주가 져야 하는 경우가 많습니다.

이처럼 법을 위반하는 내용을 근로계약서에 써넣는 것은 법률적 효력이 없을 뿐만 아니라, 당사자 간 약속한 공식적인 계약서에 스스로 법을 위반하고 있음을 명시하는 행위가 된다는 사실을 명심해야 합니다. 따라서 근로계약서에 법을 위반하는 내용은 포함하지 않아야 하며, 법 위반 여부에 대해 확신이 없다면 고용노동부나 전문가의 조언을 받아 합법적인 내용만을 기입해야 합니다.

(9) 작성된 근로계약서는 어떻게 관리해야 하나요?

　작성된 근로계약서는 반드시 직원에게 교부해야 합니다. 즉, 근로계약서는 2부를 작성해서 1부는 사업주가 보관하고, 1부는 직원에게 주어야 합니다. 임금 등 근무조건이 변경된 경우에도 근로계약서를 재작성해서 마찬가지로 1부를 직원에게 교부해야 합니다. 임대차계약에 있어서 계약내용이 바뀌면 임대차계약서를 다시 작성해서 계약 당사자끼리 나누어 갖는 것과 같은 이치라고 생각하면 됩니다.

　또한 직원이 근로계약서를 분실했을 때를 대비해 다음과 같이 근로계약서상에 계약서 1부를 교부한 사실에 대한 교부확인을 별도로 받아 두는 것도 좋은 방법입니다.

● **근로계약서 교부확인 작성 사례**

> 상기 본인은 근로계약서를 교부받았음을 확인함. 확인자 : _____(서명)

　작성된 근로계약서는 3년 이상 잘 보관해야 합니다. 근로계약서를 잘 작성했음에도 불구하고 일부 근로자의 근로계약서를 분실함으로써 노동분쟁 시 곤란을 겪는 경우가 종종 있습니다.

근로기준법 제42조(계약 서류의 보존)
사용자는 근로자 명부와 대통령령으로 정하는 근로계약에 관한 중요한 서류를 3년간 보존하여야 한다.

※대통령령으로 정하는 근로계약에 관한 중요한 서류(근로기준법 시행령 제22조)
근로계약서, 임금대장, 임금의 결정·지급방법과 임금계산의 기초에 관한 서류, 휴가에 관한 서류 등

(10) 근로계약서를 작성하지 않으면 어떤 처벌을 받게 되나요?

근로계약서 미작성, 미교부, 보관의무 위반에 대한 처벌이 있습니다.

우선 정규직원에 대한 근로계약서를 작성하지 않으면 500만 원 이하의 벌금이 부과됩니다. 근로계약서를 작성했더라도 직원에게 교부하지 않으면 동일한 처벌을 받습니다.

정규직원 이외에 계약직직원이나 아르바이트직원에 대한 근로계약서를 작성하지 않으면 500만 원 이하의 과태료가 부과됩니다. 특히 과거와 달리 즉시과태료가 부과되고 있다는 사실에 주의해야 합니다.

근로계약서를 3년간 보존하지 않는 경우에도 500만 원 이하의 과태료가 부과됩니다.

(11) 근로계약서를 작성할 때 참고할 만한 양식이 있나요?

특별히 정해진 근로계약서 양식은 없습니다. 가장 좋은 방법은 노동 전문가인 공인노무사에게 의뢰해서 작성하는 것이지만, 자체적으로 작성한다면 '고용노동부의 표준근로계약서'를 기본으로 하여 사업장에 필요한 부분을 추가하는 방식이 안전합니다. 앞서 관련 법조항(47쪽 참조)에서 살펴보았듯이, 법적으로 근로계약서에 필수적으로 포함해야 하는 사항이 정해져 있으므로 해당 사항이 누락되면 안 되기 때문입니다.

고용노동부 홈페이지(www.moel.go.kr)에 들어가면 정규직용 이외에도 계약직용, 연소근로자용, 친권자 동의서 등 다양한 형태의 표준근로계약서 양식(66~74쪽 서식 참조)을 다운받아 활용할 수 있습니다. 다만 고용노동부에서 제공하는 계약서는 말 그대로 표준근로계약서이므로 사업체 환경에 맞게 적절히 수정·보완하여 작성해야 합니다. 또한 작성 후에는 이 책의 내용을 바탕으로 잘 작성되었는지 스스로 점검해보는 것이 좋습니다.

참고로 예전에는 근로계약서상에 사업주를 '갑'으로 근로자를 '을'로 표현하는 경우가 많았지만 요즘에는 이런 표현을 잘 쓰지 않습니다. 최근에는 사업주와 근로자가 동등한 관계로서 계약을 맺어야 한다는 취지에서 일반적으로 '사업주'와 '근로자'라는 표현을 사용하고 있습니다.

또한 개인정보보호법상 근로자의 주민등록번호를 근로계약서 작성에 사용하지 않아야 합니다.

근 로 계 약 서

사용자	업 체 명			
	소 재 지			
	대 표 자			
근로자	성 명		연 락 처	
	주 소			

(주)○○○와 근로자 _____은(는) 다음과 같이 근로계약을 체결하고 상호간에 성실히 이행할 것을 확약한다.

1. 근로계약기간
1) 20　　년　　월　　일(입사일)부터 근로계약을 체결한 것으로 한다.
2) 사용자는 수습기간 중(입사일로부터 　　개월, ₩ 　　　　　　　) 근로자의 근무태도, 업무 능력 등에 대한 수습평가를 통해 더 이상 근무하는 것이 어렵다고 판단되는 경우 근로계약을 해지할 수 있다.　　　　　　　　　　　　　　　　　　수습기간 미적용 □

2. 근무 장소와 담당 업무
1) 근무 장소 : 사업장 소재지 및 사용자가 지정하는 장소 일체
2) 담당 업무 : _____　　　　　　(직책/직급 : 　　　　　　　　　)
3) 사용자는 업무의 필요에 따라 근로자의 의견을 들어 취업장소 및 담당업무를 변경할 수 있다.　　　　　　　　　　　　　　　　　동의자 성명 : 　　　　　(서명)

3. 근무시간 및 휴게시간
1) 근무시간 및 휴게시간은 아래와 같이 1일 8시간, 1주 40시간으로 운영함을 원칙으로 한다. 다만 업무상황에 따라 근로자와 협의하여 조정할 수 있다.

근무시간(월~금)	휴게시간(식사시간 포함)
09:00 ~ 18:00	12:00 ~ 13:00

2) 사용자는 근로자에게 상기 1항의 근무시간 이외에 업무에 필요한 경우 시간외근무(연장, 야간, 휴일근무)를 요구할 수 있으며, 근로자는 이에 동의한다.
　　　　　　　　　　　　　　　　　동의자 성명 : 　　　　　(서명)

4. 휴일 및 휴가
1) 주휴일은 매주 1일(일요일, 토요일은 무급휴무일)을 부여하며, 사용자와 근로자가 협의하여 사전에 주휴일을 변경할 수 있다.
2) 연차휴가는 취업규칙 및 근로기준법에 따라 부여한다.

5. 임금 및 퇴직급여

1) 근로자의 월 급여는 ₩_____이다.
상기 임금의 적용기간은 20 년 월 일 부터 20 년 월 일까지로 한다. 단,
계약기간 만료일 30일 전까지 별도의 근로계약 갱신이 없는 경우 동일한 조건으로 재계
약한 것으로 본다.

기본급	식대	○○수당	△△수당	합계

2) 월 급여는 매월 1일 부터 매월 말일까지의 근로에 대하여 당월 25일(휴일일 경우 전일)
   에 소득세, 4대 보험료 등을 공제하고 근로자의 명의로 된 예금통장에 지급한다.
3) 결근, 지각 및 조퇴가 있는 경우 해당 시간만큼을 임금에서 공제한다.
4) 시간외근무 시 통상임금의 50%를 가산하여 지급한다.
5) 월 중도 입·퇴사자 등 1개월 미만자의 경우 실근무일수에 비례하여(일할계산) 급여를
   지급한다.
6) 1년 이상 근무한 경우 근로자퇴직급여보장법에 따라 퇴직급여를 지급한다.

6. 인계인수

사직을 원하는 경우 퇴직일 이전 30일 전에 사용자에게 통보하여 승인을 받아야 하며, 근
로자는 진행 중이거나 진행예정인 업무에 대하여 해당 업무가 완료될 수 있도록 적극적으로
협조하여야 한다.

7. 징계 및 해고

1) 사용자는 근로자가 업무지시를 위반하거나, 직장질서를 문란하게 하는 등 징계사유에 해
   당될 경우 징계할 수 있으며, 사안이 중대할 경우 해고할 수 있다.
2) 상기1항의 징계 및 해고는 취업규칙에 따른다.

8. 특약사항

※ 근로자와 특별히 약정한 내용이 있다면 기입

본 근로계약서에 기재되지 않은 사항은 취업규칙 및 노동관계법령에 따르며, 본 계약서 작성
후 각각 1부씩 보관한다.

* 근로계약서를 교부 받았음을 확인함 : _____ (서명)

20 년 월 일

사 용 자 : (주)○○○ 대표자   (인)

근 로 자 :   (인)

근 로 계 약 서

_____(이하 '사업주'라 함)과(와) _____(이하 '근로자'라 함)은(는) 다음과 같이 근로계약을 체결한다.

1. 근로개시일 :   년   월   일부터

2. 근무 장소 :

3. 업무의 내용 :

4. 소정근로시간 : ___시 ___분부터 ___시 ___분까지 (휴게시간 : 시 분 ~ 시 분)

5. 근무일 및 휴일 : 매주 ___ 일(또는 매일 단위) 근무, 주휴일 매주 ___요일

6. 임금

 - 월(일, 시간)급 : _____원

 - 상여금 : 있음 (   ) _____원, 없음 (   )

 - 기타급여(제수당 등) : 있음 (   ), 없음 (   )

   • _____원, _____원

   • _____원, _____원

 - 임금지급일 : 매월(매주 또는 매일) ___일(휴일의 경우는 전일 지급)

 - 지급방법 : 근로자에게 직접 지급 (   ), 근로자 명의 예금통장에 입금 (   )

7. 연차유급휴가

 - 연차유급휴가는 근로기준법에서 정하는 바에 따라 부여함

8. 사회보험 적용여부(해당란에 체크)

   □ 고용보험   □ 산재보험   □ 국민연금   □ 건강보험

9. 근로계약서 교부

 - 사업주는 근로계약을 체결함과 동시에 본 계약서를 사본하여 근로자의 교부요구와 관계 없이 근로자에게 교부함(근로기준법 제17조 이행)

10. 근로계약, 취업규칙 등의 성실한 이행의무

 - 사업주와 근로자는 각자가 근로계약, 취업규칙, 단체협약을 지키고 성실하게 이행하여야 함

11. 기타

 - 이 계약에 정함이 없는 사항은 근로기준법령에 의함

                                                        년   월   일

(사업주) 사업체명 :   (전화 :   )
        주   소 :
        대 표 자 :   (서명)

(근로자) 주   소 :
        연 락 처 :
        성   명 :   (서명)

표준근로계약서(계약직)

_____(이하 '사업주'라 함)과(와) _____(이하 '근로자'라 함)은(는) 다음
과 같이 근로계약을 체결한다.

1. 근로계약기간 : | 년   월   일부터   년   월   일까지 |
2. 근무 장소 :
3. 업무의 내용 :
4. 소정근로시간 : ___시 ___분부터 ___시 ___분까지 (휴게시간 : 시 분 ~ 시 분)
5. 근무일 및 휴일 : 매주 ___일(또는 매일 단위) 근무, 주휴일 매주 ___요일
6. 임금
 - 월(일, 시간)급 : _____원
 - 상여금 : 있음 (   ) _____원, 없음 (   )
 - 기타급여(제수당 등) : 있음 (   ), 없음 (   )
   • _____원, _____원
   • _____원, _____원
 - 임금지급일 : 매월(매주 또는 매일) ___일(휴일의 경우는 전일 지급)
 - 지급방법 : 근로자에게 직접 지급 (   ), 근로자 명의 예금통장에 입금 (   )
7. 연차유급휴가
 - 연차유급휴가는 근로기준법에서 정하는 바에 따라 부여함
8. 사회보험 적용여부(해당란에 체크)
 □ 고용보험 □ 산재보험 □ 국민연금 □ 건강보험
9. 근로계약서 교부
 - 사업주는 근로계약을 체결함과 동시에 본 계약서를 사본하여 근로자의 교부요구와 관계
없이 근로자에게 교부함(근로기준법 제17조 이행)
10. 근로계약, 취업규칙 등의 성실한 이행의무
 - 사업주와 근로자는 각자가 근로계약, 취업규칙, 단체협약을 지키고 성실하게 이행하여
야 함
11. 기타
 - 이 계약에 정함이 없는 사항은 근로기준법령에 의함

                                          년   월   일

(사업주) 사업체명 :   (전화 :   )
      주   소 :
      대 표 자 :   (서명)

(근로자) 주   소 :
      연 락 처 :
      성   명 :   (서명)

연소근로자 표준근로계약서

_____(이하 '사업주'라 함)과(와) _____(이하 '근로자'라 함)은(는) 다음
과 같이 근로계약을 체결한다.

1. 근로개시일 :   년   월   일부터
※ 근로계약기간을 정하는 경우에는 '   년   월   일부터   년   월   일까지' 등으로 기재

2. 근무 장소 :

3. 업무의 내용 :

4. 소정근로시간 : ___시 ___분부터 ___시 ___분까지 (휴게시간 : 시 분 ~ 시 분)

5. 근무일 및 휴일 : 매주 ___일(또는 매일 단위) 근무, 주휴일 매주 ___요일

6. 임금
 - 월(일, 시간)급 : _____원
 - 상여금 : 있음 (   ) _____원, 없음 (   )
 - 기타급여(제수당 등) : 있음 (   ),   없음 (   )
   • _____원, _____원
   • _____원, _____원
 - 임금지급일 : 매월(매주 또는 매일) ___일(휴일의 경우는 전일 지급)
 - 지급방법 : 근로자에게 직접 지급 (   ), 근로자 명의 예금통장에 입금 (   )

7. 연차유급휴가
 - 연차유급휴가는 근로기준법에서 정하는 바에 따라 부여함

8. 가족관계증명서 및 동의서
 - 가족관계기록사항에 관한 증명서 제출 여부 : _____
 - 친권자 또는 후견인의 동의서 구비 여부 : _____

9. 사회보험 적용여부(해당란에 체크)
 □ 고용보험 □ 산재보험 □ 국민연금 □ 건강보험

10. 근로계약서 교부
 - 사업주는 근로계약을 체결함과 동시에 본 계약서를 사본하여 근로자의 교부요구와 관계
없이 근로자에게 교부함(근로기준법 제17조, 제67조 이행)

11. 근로계약, 취업규칙 등의 성실한 이행의무
 - 사업주와 근로자는 각자가 근로계약, 취업규칙, 단체협약을 지키고 성실하게 이행하여야 함

12. 기타
 - 13세 이상 15세 미만인 자에 대해서는 고용노동부장관으로부터 취직인허증을 교부받아
야 하며, 이 계약에 정함이 없는 사항은 근로기준법령에 의함

                                                              년   월   일

(사업주) 사업체명 :   (전화 :   )
         주   소 :
         대 표 자 :   (서명)
(근로자) 주   소 :
         연 락 처 :
         성   명 :   (서명)

친권자(후견인) 동의서

• 친권자(후견인) 인적사항
  성   명 :
  생년월일 :
  주   소 :
  연 락 처 :
  연소근로자와의 관계 :

• 연소근로자 인적사항
  성   명 :   (만   세)
  생년월일 :
  주   소 :
  연 락 처 :

• 사업장 개요
  회 사 명 :
  회사주소 :
  대 표 자 :
  회사전화 :

본인은 위 연소근로자 _____가 위 사업장에서 근로를 하는 것에 대하
여 동의합니다.

                                          년   월   일

친권자(후견인) :   (인)

첨 부 : 가족관계증명서 1부

단시간근로자 표준근로계약서

_____(이하 '사업주'라 함)과(와) _____(이하 '근로자'라 함)은 다음과 같이 근로계약을 체결한다.

1. 근로개시일 :   년   월   일부터
※ 근로계약기간을 정하는 경우에는 '   년   월   일부터   년   월   일까지' 등으로 기재
2. 근무 장소 :
3. 업무의 내용 :
4. 근로일 및 근로일별 근로시간

	( )요일	( )요일	( )요일	( )요일	( )요일	( )요일
근로시간	○시간	○시간	○시간	○시간	○시간	○시간
시업	○○시 ○○분	○○시 ○○분	○○시 ○○분	○○시 ○○분	○○시 ○○분	○○시 ○○분
종업	○○시 ○○분	○○시 ○○분	○○시 ○○분	○○시 ○○분	○○시 ○○분	○○시 ○○분
휴게시간	○○시 ○○분 ~ ○○시 ○○분	○○시 ○○분 ~ ○○시 ○○분	○○시 ○○분 ~ ○○시 ○○분	○○시 ○○분 ~ ○○시 ○○분	○○시 ○○분 ~ ○○시 ○○분	○○시 ○○분 ~ ○○시 ○○분

• 주휴일 : 매주 ___요일

5. 임금
 - 시간(일, 월)급 : _____원(해당 사항에 ○표)
 - 상여금 : 있음 (   ) _____원, 없음 (   )
 - 기타급여(제수당 등) : 있음 : _____원(내역별 기재), 없음 (   ),
 - 초과근로에 대한 가산임금률:_____ %
    ※ 단시간근로자와 사용자 사이에 근로하기로 정한 시간을 초과하여 근로하면 법정 근로시간 내라도 통상임
       금의 100분의 50% 이상의 가산임금 지급('14.9.19. 시행)
 - 임금지급일 : 매월(매주 또는 매일)   일(휴일의 경우는 전일 지급)
 - 지급방법 : 근로자에게 직접 지급(   ), 근로자 명의 예금통장에 입금(   )
6. 연차유급휴가: 통상 근로자의 근로시간에 비례하여 연차유급휴가 부여
7. 사회보험 적용여부(해당란에 체크)
 □ 고용보험 □ 산재보험 □ 국민연금 □ 건강보험
8. 근로계약서 교부
 - '사업주'는 근로계약을 체결함과 동시에 본 계약서를 사본하여 '근로자'의 교부요구와 관계없이 '근로자'에게 교부함(근로기준법 제17조 이행)
9. 근로계약, 취업규칙 등의 성실한 이행의무
 - 사업주와 근로자는 각자가 근로계약, 취업규칙, 단체협약을 지키고 성실하게 이행하여야 함
10. 기 타
 - 이 계약에 정함이 없는 사항은 근로기준법령에 의함

                                                            년   월   일

(사업주) 사업체명 :   (전화 :   )
         주 소 :
         대 표 자 :   (서명)
(근로자) 주 소 :
         연 락 처 :
         성 명 :   (서명)

■ 외국인근로자의 고용 등에 관한 법률 시행규칙 [별지 제6호서식] <개정 2020. 1. 10.>

표준근로계약서
Standard Labor Contract

(앞쪽)

아래 당사자는 다음과 같이 근로계약을 체결하고 이를 성실히 이행할 것을 약정한다.
The following parties to the contract agree to fully comply with the terms of the contract stated hereinafter.

사용자 Employer	업체명 Name of the enterprise		전화번호 Phone number
	소재지 Location of the enterprise		
	성명 Name of the employer		사업자등록번호(주민등록번호) Identification number
근로자 Employee	성명 Name of the employee		생년월일 Birthdate
	본국주소 Address(Home Country)		

1. 근로계약기간	- 신규 또는 재입국자: (　　　) 개월 - 사업장변경자:　　　년　월　일 ~ 　년　월　일 * 수습기간: [ ]활용(입국일부터 [ ]1개월 [ ]2개월 [ ]3개월 [ ]개월) [ ]미활용 ※ 신규 또는 재입국자의 근로계약기간은 입국일부터 기산함(다만, 「외국인근로자의 고용 등에 관한 법률」 제18조의4제1항에 따라 재입국(성실재입국)한 경우는 입국하여 근로를 시작한 날부터 기산함).
1. Term of Labor contract	- Newcomer or Re-entering employee: (　　) month(s) - Employee who changed workplace: from (　YY/MM/DD) to (　YY/MM/DD) * Probation period: [ ] Included (for [ ] 1 month [ ] 2 months [ ] 3 months from entry date - or specify other: ＿＿＿ .), [ ] Not included ※ The employment term for newcomers and re-entering employees will begin on their date of arrival in Korea, while the employment of those who re-entered through the committed workers' system will commence on their first day of work as stipulated in Article 18-4 (1) of Act on Foreign Workers' Employment, etc.
2. 근로장소	※ 근로자를 이 계약서에서 정한 장소 외에서 근로하게 해서는 안 됨.
2. Place of employment	※ The undersigned employee is not allowed to work apart from the contract enterprise.
3. 업무내용	- 업종: - 사업내용: - 직무내용: ※ 외국인근로자가 사업장에서 수행할 구체적인 업무를 반드시 기재
3. Description of work	- Industry: - Business description: - Job description: ※ Detailed duties and responsibilities of the employee must be stated
4. 근로시간	시　분 ~ 　시　분 - 1일 평균 시간외 근로시간: 　시간 (사업장 사정에 따라 변동 가능: 　시간 이내) - 교대제 ([ ]2조2교대, [ ]3조3교대, [ ]4조3교대, [ ]기타)	※ 가사사용인, 개인간병인의 경우에는 기재를 생략할 수 있음. ※ Employers of workers in domestic help, nursing can omit the working hours.
4. Working hours	from (　　　) to (　　　) - average daily over time: 　hours (changeable depending on the condition of a company): up to 　hour(s)) - shift system ([ ]2groups 2shifts, [ ]3groups 3shifts, [ ]4groups 3shifts, [ ]etc.)	
5. 휴게시간	1일 　분	
5. Recess hours	(　　) minutes per day	
6. 휴일	[ ]일요일 [ ]공휴일([ ]유급 [ ]무급) [ ]매주 토요일 [ ]격주 토요일, [ ]기타(　　)	
6. Holidays	[ ]Sunday [ ]Legal holiday([ ]Paid [ ]Unpaid) [ ]Every saturday [ ]Every other Saturday [ ]etc.(　　)	

210㎜×297㎜[백상지(80g/㎡) 또는 중질지(80g/㎡)]

(뒤쪽)

7. 임금	1) 월 통상임금 ( )원 - 기본급[(월, 시간, 일, 주)급] ( )원 - 고정적 수당: (수당 : 원), (수당: 원) - 상여금 (원) - 수습기간 중 임금 ( )원, 수습시작일부터 3개월 이내 근무기간 ( )원 2) 연장, 야간, 휴일근로에 대해서는 통상임금의 50%를 가산하여 수당 지급(상시근로자 4인 이하 사업장에는 해당되지 않음)
7. Payment	1) Monthly Normal wages ( )won - Basic pay[(Monthly, hourly, daily, weekly) wage] ( )won - Fixed benefits: (benefits :)won, (benefits :)won - Bonus: ( )won • Wage during probation ( ) won, but for up to the first 3 months of probation period: ( ) won 2) Overtime, night shift or holiday will be paid 50% more than the employee's regular rate of pay(This is not applicable to business with 4 or less employees).
8. 임금지급일	매월 ( )일 또는 매주 ( )요일. 다만, 임금 지급일이 공휴일인 경우에는 전날에 지급함.
8. Payment date	Every ( )th day of the month or every (day) of the week. If the payment date falls on a holiday, the payment will be made on the day before the holiday.
9. 지급방법	[ ]직접 지급, [ ]통장 입금 ※ 사용자는 근로자 명의로 된 예금통장 및 도장을 관리해서는 안 됨.
9. Payment methods	[ ]In person, [ ]By direct deposit transfer into the employee's account ※ The employer must not keep the bankbook and the seal of the employee.
10. 숙식제공	1) 숙박시설 제공 - 숙박시설 제공 여부: [ ]제공 [ ]미제공 　제공 시, 숙박시설의 유형([ ]주택, [ ]고시원, [ ]오피스텔, [ ]숙박시설(여관, 호스텔, 펜션 등), 　[ ]컨테이너, [ ]조립식 패널, [ ]사업장 건물, 기타 주택형태 시설( ) - 숙박시설 제공 시 근로자 부담금액: 매월 원 2) 식사 제공 - 식사 제공 여부: 제공([ ]조식, [ ]중식, [ ]석식) [ ]미제공 - 식사 제공 시 근로자 부담금액: 매월 원 ※ 근로의 비용 부담 수준은 사용자와 근로자 간 협의(신규 또는 재입국자의 경우 입국 이후)에 따라 별도로 결정.
10. Accommo-dations and Meals	1) Provision of accommodations - Provision of accommodations: [ ]Provided, [ ]Not provided 　(If provided, accommodation types: [ ]Detached houses, [ ]Goshiwans, [ ]Studio -flats, [ ]Lodging facilities(such as motels, hostels and pension hotels, etc.), [ ]Container boxes, [ ]SIP panel constructions, [ ]Rooms within the business building - or specify other housing or boarding facilities _____.) - Cost of accommodation paid by employee: won/month 2) Provision of meals - Provision of meals: [ ]Provided([ ]breakfast, [ ]lunch, [ ]dinner), [ ] Not provided - Cost of meals paid by employee: won/month ※ The amount of costs paid by employee, will be determined by mutual consultation between the employer and employee (Newcomers and re-entering employees will consult with their employers after arrival in Korea).

11. 사용자와 근로자는 각자가 근로계약, 취업규칙, 단체협약을 지키고 성실하게 이행해야 한다.

11. Both employees and employers shall comply with collective agreements, rules of employment, and terms of labor contracts and be obliged to fulfill them in good faith.

12. 이 계약에서 정하지 않은 사항은 「근로기준법」에서 정하는 바에 따른다.
※ 가사서비스업 및 개인간병인에 종사하는 외국인근로자의 경우 근로시간, 휴일·휴가, 그 밖에 모든 근로조건에 대해 사용자와 자유롭게 계약을 체결하는 것이 가능합니다.

12. Other matters not regulated in this contract will follow provisions of the Labor Standards Act.
※ The terms and conditions of the labor contract for employees in domestic help and nursing can be freely decided through the agreement between an employer and an employee.

```
                                    년        월        일
                                    ─────────────────
                                       (YY/MM/DD)
```

사용자:　　　　　　　　　　(서명 또는 인)
Employer:　　　　　　　　　(signature)
근로자:　　　　　　　　　　(서명 또는 인)
Employee:　　　　　　　　　(signature)

03

근로계약 체결 시 알아두면 좋은 사항들

근로계약을 체결하면서 근로계약상 특약사항이나 별도의 서류(서약서, 확인서, 각서 등 명칭은 다양) 작성을 통해 비밀유지, 전직금지, 손해배상 등을 약정하는 경우가 있습니다. 이에 대한 의미 및 효과 등에 대해 살펴보겠습니다.

(1) 비밀유지서약 : 회사비밀을 함부로 말하면 안 돼요!

사업을 운영하다보면 사업형태와 운영방식에 따라 주요 생산기술 및 거래처정보와 같은 영업비밀 등 중요한 사업정보를 보호해야 하는 상황이 생길 수 있습니다. 이를 위해 근로계약 체결 시 직원에게 해당 내용에 대해 고지하고 이른바 '비밀유지서약' 형태의 서류를(82쪽 서식 참조) 별도로 작성하는 방법을 고려해볼 수 있습니다. 이와 관련해 정해진 양식은 없으므로 자유롭게 작성하면 되며, '어떤 정보가 중요한 정보인지, 정보관리는 어떻게 해야 하는지, 비밀유지서약을 위반하는 경우에는 어떤 조치가 있는지' 등 직원으로서 사업정보를 다룰 때 주의해야 할 사항을 기입하여 직원의 자필 서명을 받는 형식이면 좋을 것입니다.

(2) 전직금지 : 그만두고 내 사업 방해하면 곤란하지!

사업주들이 사업을 하면서 겪는 가장 큰 고충 중 하나가 직원이 퇴사하여 창업을 하는 것입니다. 일하던 직원이 창업을 하겠다고 갑자기 그만두어서 사업에 지장을 주는 문제도 있지만, 그보다 더 큰 문제가 해당 직원의 창업이 내 사업에 나쁜 영향을 미치게 되는 경우입니다. 실제로도 이런 문제들이 많이 발생하기 때문에 사업주가 직원들과 이른바 '전직금지약정'을 맺는 경우가 있습니다.

전직금지약정이란 퇴사 후 일정 기간 동안 사업주와 경쟁관계에 있는 업체에 취업하거나 스스로 경쟁업체를 창업하여 운영하는 등의 행위를 하지 않겠다는 약정을 말합니다.

미용실이나 학원 등 서비스업분야에서는 같은 지역에서의 동종업체 창업이나 취업을 제한하거나 금지하는 경우가 있습니다. 제조업분야에서는 기존 사업체와 동일한 생산기술을 활용하여 사업을 하는 행위를 막기 위해, 도소매 등 유통업분야에서는 창업과 동시에 기존 거래처를 빼가는 행위를 금지하기 위해 전직금지약정을 활용하기도 합니다.

문제는 이런 전직금지약정이 법적 효력이 있는지 여부입니다. 일반적으로는 전직금지약정을 체결하더라도 법적 효력을 인정받기 어려운 경우가 많습니다. 전직금지약정이 헌법에서 보장하고 있는 '직업선택의 자유'와 충돌하기 때문입니다. 직원 입장에서는 자신이 일한 경험과 지식을 가지고 퇴직 후 경제활동을 하는 것이 당연하다고 생각할 수 있습니다. 그렇기 때문에 단지 사업주와 전직금지약정을 맺었다고 해서 전 직장과 유사한 업종에 대한 취업이나 창업을 금지당하는 것이 불합리하다고 생각할 수 있습니다.

판례에서도 전직금지약정의 효력을 매우 제한적으로 인정해주고 있습니다. 사업주가 퇴직한 직원에 대해 전직금지약정에 상응하는 보상을 해주었는지, 전직금지약정이 사회통념상 합리적인지 등을 종합적으로 판단하고 있기 때문입니다. 특히 소규모 사업체의 경우 현실적으로 전직금지약정에 상응하는 보상을 해주기가 어렵기 때문에 법률적으로 전직금지약정의 효력을 인정받기는 어렵다고 생각됩니다.

다만 사업의 운영형태나 사업체 내 직원의 위치(핵심 연구인력 및 영업인력 또는 임원)에 따라 전직금지약정이 필요한 경우가 있습니다. 이런 경우 해당 직원에게 주의를 당부하고 협조를 구한다는 측면에서 근로계약 체결 시 또는 퇴사 시에 전직금지약정을 맺는 방법을 고려해볼 수 있다고 생각됩니다. 전직금지약정을 앞에서 설명한 비밀유지서약과 병행하는

● **전직금지약정 작성 사례**

> ① 퇴사 후 1년간 동종업계에 취업하거나 창업을 금지함
> ② 퇴사 후 1년간 현 사업장 위치에서 반경 1km 이내에 취업하거나 창업을 금지함

것도 좋은 방안이라고 볼 수 있습니다.

참고로 앞서 살펴본 비밀유지 및 전직금지약정 관련 서류의 작성 및 보완이 필요하다면 특허청의 '영업비밀보호센터(www.tradesecret.or.kr)'에서 제공하는 다양한 표준서식을 활용해보기 바랍니다.

(3) 손해배상약정 : 직원이 잘못했으면 당연히 물어내야 하지 않나요?

근로계약 체결 시 손해배상약정을 하는 경우가 있습니다. 예를 들면 '회사에 손해를 끼친 경우 손해배상을 해야 한다'는 식으로, 회사에 손해를 끼치는 경우 그에 상응하는 손해배상을 청구한다는 내용을 약정하는 형태입니다. 나아가 '고의나 과실로 인하여 회사에 재산상 손해를 발생시킨 경우 2천만 원의 손해배상을 하기로 한다'는 식으로 손해배상액수를 구체적으로 기재하는 경우도 있습니다.

하지만 관련법에 따라 손해배상액을 예정하는 근로계약은 금지되어 있기 때문에 손해배상약정을 하더라도 법적인 효력이 없으며, 오히려 500만 원 이하의 벌금에 처해질 수 있으므로 손해배상액을 예정하는 계

관련 법조항

근로기준법 제20조(위약 예정의 금지)
사용자는 근로계약 불이행에 대한 위약금 또는 손해배상액을 예정하는 계약을 체결하지 못한다.

약은 하지 않도록 주의해야 합니다.

만약 근로계약서상에 손해배상에 대한 약정이 있고, 이를 근거로 직원에게 손해배상을 청구한다면 사업체는 실제로 손해배상을 받을 수 있을까요?

이에 대한 답은 '거의 손해배상이 인정되지 않는다'입니다. 사업주가 직원을 채용하여 노동력을 제공받는 것은 사업주가 모든 일을 할 수 없기 때문에 '사업주를 대신하여 업무를 하는 것'으로 볼 수 있습니다. 이런 의미에서 직원이 사업주 대신 일을 해주다가 실수로 어떤 잘못을 했다는 이유로 손해배상을 청구하는 행위는 사회통념상 인정되기 어렵고, 법적으로도 거의 인정되지 않습니다. 또한 손해배상청구가 인정되려면 직원이 '고의'나 '중대한 과실'로 구체적인 손해를 발생시켰음을 입증해야 하는데 현실적으로 법적 분쟁을 통해 이를 증명하기가 매우 어렵습니다.

사업주들과 상담하다보면 위와 같은 사실을 가장 억울해하면서 필자에게 이런 말을 하며 화를 내기도 합니다.

"사업주가 지켜야 할 법은 너무나 많은데 직원이 잘못하는 부분에 대해서는 우리가 할 수 있는 게 하나도 없다니 도대체 이게 말이 됩니까?"

이런 생각을 가진 사업주라면, 본래 노동법이 사업주와 직원 간의 관계를 개인 대 개인, 사업체 대 사업체의 관계처럼 동등하게 보기보다는 직원을 '보호의 대상'으로 보기 때문이라고 이해하면 어떨까요? 물론 그러면 "그럼 나 사장 안하고 직원 할래!"라고 할 수도 있겠지요.

한편, '퇴사'와 관련해서 손해배상 등의 조항을 두는 경우도 있습니다. 조기 퇴사를 방지하기 위해 다음과 같은 손해배상조항을 두는 경우입니다.

'3개월 안에 퇴사하면 임금의 10%를 반납한다.'

'3개월 안에 퇴사하는 경우 회사는 100만 원의 손해배상을 청구하며 직원은 이에 응한다.'

실제로 어렵게 구한 직원이 사업주와 상의 없이 갑작스럽게 퇴사함으로써 업무상 문제가 발생하고 사업체에 손해를 끼치는 사례가 늘어나고 있습니다. 사업주 입장에서는 어떻게든 이런 손해를 막아보려고 마련한 조항이겠지만, 이 경우는 앞서 설명한 위약예정 또는 손해배상의 예정에 해당될 수 있으므로 사용하지 않아야 하겠습니다.

앞에서 살펴보았듯이 사업주가 직원의 실수나 퇴직으로 인한 업무피해 등을 이유로 직원에게 손해배상청구 자체를 할 수는 있으나, 특별한 경우를 제외하고는 실제로 손해배상청구를 인정받기는 아주 어렵다고 보면 됩니다. 다만 근로계약 체결 시 사업체에서 특히 중요하다고 생각하는 부분을 강조하고 주의를 당부하는 차원에서 근로계약서상에 '~하는 경우 손해배상책임을 질 수 있다' 등의 표현을 넣는 것 자체는 가능하다고 생각됩니다.

(4) 직원 개인정보 동의 : 직원의 개인정보도 소중해요

개인정보 보호가 강조되면서 직원들의 개인정보 관리도 중요해졌습니다. 직원을 채용하면 각종 서류(이력서, 주민등록등본, 통장사본 등)를 제출받는데, 사업주는 이런 서류들을 통해 해당 직원에 대한 다양한 개인정보(연락처, 주소, 가족관계, 주민등록번호 등)를 알게 되며, 4대 보험 가입이나 임금 지급 등 직원관리업무를 위해 해당 정보들을 활용하게 됩니다.

그런데 사업주 차원에서 이러한 직원들의 개인정보 관리에 대해 여전히 크게 신경 쓰지 않는 경향이 있습니다. 하지만 직원들의 개인정보 역시 당연히 보호받아야 할 소중한 정보이므로 외부로 유출되지 않도록 관리에 신경을 써야 합니다. 또한 이런 정보들을 컴퓨터에 보관하는 경우 업무상 필요한 최소한의 인력들만 해당 정보에 접근할 수 있도록 관리해야 합니다.

또 근로계약서상에 직원들의 주민등록번호가 적혀 있는 경우가 있는데, 굳이 근로계약서상에 주민등록번호 등을 노출시킬 이유가 없으므로 생년월일 등으로 대체하고, 최소한의 개인정보를 활용하여 계약을 체결하는 것이 좋습니다. 아울러 각종 인사서류상에서도 주민등록번호는 사용하지 않는 것이 좋습니다.

근로계약서 작성 시 부속서류로써 '개인정보 수집·이용에 관한 동의서(83쪽 서식 참조)'를 받아둘 필요도 있습니다.

비 밀 유 지 서 약 서

_____은(는) ○○○○(이하 '회사'라 한다)의 직원으로서 아래의 내용을 성실히 이행, 준수할 것을 서약합니다.

1. 본인은 회사에 재직 중 직접 또는 간접으로 취득한 다음에 예시된 정보 및 기타 회사의 운영, 관리에 관한 정보로서 회사가 기밀로 유지할 필요가 있는 정보(이하 '기밀정보'라고 함)에 대하여 외부에 공개·누설하지 않으며, 관련 일체의 자료를 허가 없이 복제하거나 외부로 유출 또는 일시 반출하지 않겠습니다.

① 회사가 제공하거나 업무상 취득한 고객 및 거래처에 관한 정보(예시)
②
③

2. 본인은 기밀정보를 회사의 업무상 목적 이외의 다른 용도로 사용하지 않을 것이며, 회사에 재직 중 또는 퇴직 후에도 이를 제공하거나 공개하지 않겠습니다.

3. (필요한 내용 추가 기재)

4. 본인은 본 서약을 위반할 때에는 민·형사상의 모든 책임은 물론 회사가 정하는 여하한 처벌이나 손해배상 청구에도 이의 없이 응하겠습니다.

년   월   일

본인 서약자   주   소 :
　　　　　　　생년월일 :
　　　　　　　성   명 :　　　　　(인)

○○○ 대표 귀중

개인정보 수집 · 이용에 관한 동의서

1. _____은(는) ○○○○의 재직근로자로서 인사관리상 개인정보의 수집 · 이용이 필요하다는 것을 이해하고 있고, 다음과 같이 개인정보 · 민감정보 · 고유식별정보를 수집 · 이용하는 것에 동의합니다.

개인정보항목	수집 · 이용목적	보유기간
가. 성명 나. 주소, 이메일, 연락처 다. 학력, 근무경력, 자격증 라. 기타 근무와 관련된 개인정보	가. 채용 및 승진 등 인사관리 나. 세법, 노동관계법령 등에서 부과하는 의무이행 다. 급여관리 라. 정부지원금 신청	재직기간 동안 보유하고, 기타 개별법령에서 보유기간을 정하고 있는 경우 그에 따름

개인정보의 수집 · 이용에 (□ 동의함 □ 동의하지 않음)

민감정보의 항목	수집 · 이용목적	보유기간
가. 신체장애 나. 병력 다. 범죄정보	가. 채용 및 승진 등 인사관리 나. 세법, 노동관계법령 등에서 부과하는 의무이행 다. 정부지원금 신청	재직기간 동안 보유하고, 기타 개별법령에서 보유기간을 정하고 있는 경우 그에 따름

민감정보의 수집 · 이용에 (□ 동의함 □ 동의하지 않음)

고유식별정보	수집 · 이용목적	보유기간
가. 주민등록번호 나. 운전면허번호 다. 여권번호 라. 외국인등록번호	가. 채용 및 승진 등 인사관리 나. 세법, 노동관계법령 등에서 부과하는 의무이행 다. 급여관리 라. 정부지원금 신청	재직기간 동안 보유하고, 기타 개별법령에서 보유기간을 정하고 있는 경우 그에 따름

고유식별정보의 수집 · 이용에 (□ 동의함 □ 동의하지 않음)

2. _____은(는) 본사가 취득한 개인정보를 재직기간 동안 내부적으로 채용 · 승진 등 인사관리에 이용하고, 외부적으로 법령에 따라 관계기관 또는 급여관리에 관한 외부전문기관에 제공하는 것에 동의합니다.   (□ 동의함 □ 동의하지 않음)

3. 본사는 취득한 개인정보를 수집한 목적에 필요한 범위에서 적합하게 처리하고 그 목적 외의 용도로 사용하지 않으며, 개인정보를 제공한 계약당사자는 언제나 자신의 개인정보를 열람·수정 및 정보제공에 대한 철회를 할 수 있습니다.

4. 본인은 1~2항에 따라 수집되는 개인정보의 항목과 개인정보의 수집 · 이용에 대한 거부를 할 수 있는 권리가 있다는 사실을 충분히 설명 받고 숙지하였으며, 미동의시 적법하게 시행되는 회사내부규정 및 법령에 따라 발생하는 불이익에 대한 책임은 본인에게 있음을 확인합니다.

20   년   월   일

동의자 성명 :   (인)

○○○ 대표 귀중

3장

시간관리 :
근무시간, 휴식시간,
휴일, 휴가

시간이 가장 기본이다. 이것을 관리하지 않으면 다른 아무것도 관리할 수 없기 때문이다.

– 피터 드러커

01 근무시간과 휴식시간 : 출근과 퇴근 사이

근무시간은 사업체에서 의무적으로 일해야 하는 시간(출근시간부터 퇴근시간까지)에서 휴식(휴게)시간을 제외한 시간을 말합니다. 이 시간 동안 직원들은 사업주의 지시에 따라 정해진 일을 하게 됩니다.

사업주 입장에서는 직원의 근무시간만큼 반드시 임금을 지급해야 하기 때문에 정확한 근무시간의 개념을 아는 것이 중요하며, 특히 최저임금 준수 여부를 판단할 때 큰 의미가 있습니다.

그럼 사례를 통해 근무시간의 개념을 알아보도록 하겠습니다.

(1) 자발적으로 일찍 출근하는 직원은 어떻게 해야 하나요?

> 식당에서 일하는 B 씨는 원래 출근시간인 10시보다 항상 30분 먼저 나와 일을 했습니다. B 씨는 식당 일을 그만둔 후 매일 30분씩 먼저 나왔으니 해당 시간만큼의 임금을 더 달라고 요구하고 있습니다. 식당 사장은 B 씨에게 추가임금을 지급해야 할까요?

만일 B 씨가 식당 사장이 30분씩 일찍 나오라고 지시하거나 강요하지 않았는데 자발적으로 일찍 나온 경우라면 정식 근무시간으로 인정하기 어렵기 때문에 원칙적으로 일찍 나온 시간만큼의 임금을 지급할 의무가 없습니다.

반면에 정식 출근시간은 10시로 정했지만 실제로는 사장이 9시 30분까지 출근하지 않으면 지각이라고 보고 질책하는 등, 30분 먼저 출근해서 영업을 준비할 수밖에 없는 상황이었다면 실제 출근시간은 9시 30분으로 보아야 합니다.

사업주들과 상담을 하다보면 연령대가 높고, 개인사정상 혼자 사는 직원들 중에서 정식 출근시간보다 일찍 출근하는 경우가 종종 있다고 이야기합니다. 이런 경우에는 해당 직원에게 "자발적으로 조기출근을 하더라도 정식 근무시간이 아니어서 임금에 반영되지 않으니 그럴 필요가 없다"라고 명확히 의사표현을 할 필요가 있습니다. 특히 사업주 스스로 직원이 일찍 출근하는 것을 당연하게 받아들이지 않도록 주의해야 합니다.

(2) 손님이 없어서 일하지 않는 시간도 근무시간에 들어가나요?

의류판매점을 운영하는 D 사장은 요즘 장사가 안 돼 속이 탑니다. 매장을 운영하는 10시간 동안 손님이 있는 시간은 3~4시간밖에 되지 않고, 나머지 시간에는 직원들이 휴대전화나 잡담을 하며 보냅니다. 이렇게 일하지 않는 시간도 근무시간에 들어가는 것일까요?

이런 경우 대기시간으로 해석하여 근무시간으로 봅니다. 실제로 손님을 맞거나 물건을 정리하고 있지는 않지만, 언제든 근무할 준비가 되어 있는 상태, 즉 업무대기상태로 보는 것입니다.

영업이 잘 되는지 여부 등 사업경영에 관한 책임은 사업주가 지는 것입니다. 다시 말해 손님이 없는 책임이 직원들에게 있지는 않으므로(물론 직원이 열심히 일하면 영업에 도움이 되기는 합니다) 손님이 없어 근무대기를 하는 시간은 근무시간으로 보아야 합니다.

과거에는 이에 대한 많은 분쟁이 있었습니다. 하지만 2012년 근로기준법에 '작업을 위하여 근로자가 사용자의 지휘, 감독 아래에 있는 대기시간 등은 근로시간으로 본다(근로기준법 제50조 제3항)'라는 규정이 신설됨으로써 그와 관련한 논란이 정리되었습니다.

사업주들의 억울함은 이해가 갑니다. 정상 근무시간을 조금 넘더라도 연장근무수당은 반드시 지급해야 한다는 법적 규정이 대기시간이 많은 사업체를 운영하는 사업주에게는 현실적으로 너무 비합리적이고 불리하지 않느냐고 생각할 수 있습니다. 하지만 이것은 법규정에 따라야 하는 부분으로 어쩔 수가 없습니다. 따라서 직원들의 대기시간이 장시간 지속될 경우 근무시간 조정, 인력 재배치 등을 통해 연장근무가 발생하지 않도록 근무시간을 관리할 필요가 있습니다.

(3) 근무 중 개인적인 일을 보러 나가는 시간도 근무시간에 해당되나요?

당연히 근무시간이 아닙니다. 정해진 근무시간에 개인적인 용무로 근로를 제공하지 않았기 때문에 근무시간이 아닌 휴식시간 또는 조퇴로 볼 수 있습니다. 어떻게 해석하든 근무에 해당되지 않으므로 해당 시간에 대해서는 임금을 지급할 의무가 없습니다. 다만 사업주의 허락을 받아 개인적인 용무를 본 것이고, 해당 시간만큼 임금을 공제하고자 한다면 사전에 직원에게 임금이 공제될 수 있음을 알리는 것이 좋습니다.

(4) 업무에 필요한 교육을 받는 시간은 근무시간인가요?

원칙적으로 근무시간에 해당됩니다. 사업주 지시에 의해서 업무 관련 교육을 받는 시간은 근무시간에 해당됩니다. 출근 시간 전이나 퇴근 이후에 사업주 지시에 의해 의무적으로 참석하는 교육이 있다면 해당 시간 역시 근무시간으로 처리해야 합니다. 다만 업무능력향상을 위해 직원 개인의 판단에 따라 교육을 받는 시간은 근무시간에 해당되지 않습니다.

(5) 출장 가는 직원은 근무시간을 어떻게 계산해야 하나요?

특별히 내부적으로 정해진 규정이 없다면 정상 근무시간으로 처리하면 됩니다. 다만 사업주와 사전에 출장시간을 어떻게 처리할지에 대해 협의한 사항이 있다면 해당 협의사항에 따라 임금을 계산하면 됩니다.

근로기준법 제58조(근로시간 계산의 특례)

① 근로자가 출장이나 그 밖의 사유로 근로시간의 전부 또는 일부를 사업장 밖에서 근로하여 근로시간을 산정하기 어려운 경우에는 소정근로시간을 근로한 것으로 본다. 다만, 그 업무를 수행하기 위하여 통상적으로 소정근로시간을 초과하여 근로할 필요가 있는 경우에는 그 업무의 수행에 통상 필요한 시간을 근로한 것으로 본다.

② 제1항 단서에도 불구하고 그 업무에 관하여 근로자대표와의 서면 합의를 한 경우에는 그 합의에서 정하는 시간을 그 업무의 수행에 통상 필요한 시간으로 본다.

(6) 휴식시간은 얼마나 부여해야 하나요?

휴식(휴게)시간과 관련해서 근로기준법 제54조에서는 다음과 같이 규정하고 있습니다.

'근로시간이 4시간인 경우에는 30분 이상, 8시간인 경우에는 1시간 이상의 휴게시간을 근로시간 도중에 주어야 하며, 휴게시간은 근로자가 자유롭게 이용할 수 있어야 한다.'

만약 위의 규정을 위반하면 벌금형에 처해집니다.

실제 사업현장에서는 식사시간 이외에 휴식시간관리에 대해 크게 신경 쓰지 않는 경향이 있습니다. 하지만 반드시 근로기준법에서 정한 규정에 맞게 근무시간 도중에 휴식시간을 부여해야 합니다.

특히 근로계약서에 휴식시간을 명확히 기재할 필요가 있습니다. 그렇지 않으며 노동분쟁이 발생하는 경우 휴식시간을 부여하지 않은 책임과 함께 출근해서 퇴근할 때까지의 전체 시간이 근무시간으로 인정되어 임금을 추가지급해야 할 수도 있기 때문입니다. 최근 경비업무자가 새벽취침시간에도 근무를 했다고 주장하며 해당 시간에 대해 임금을 청구한 사건에서 근로계약서상 휴식시간(취침시간)을 명확히 작성하지 않아 임금을 추가 지급한 사례가 있었습니다.

또한 근무시간은 8시간인데 휴식시간은 30분만 부여하는 것도 법 기준보다 적게 부여하는 경우에 해당됩니다. 따라서 이런 경우 휴식시간을 1시간 이상 부여하도록 근무시간을 조정하고, 해당 내용을 근로계약서에 명확히 표시해야 합니다.

일반적으로 휴식시간은 다음과 같이 근무시간 중 식사시간, 중간 휴식시간 등을 활용하여 부여하면 됩니다.

● **휴식시간 작성 사례**

> 휴식시간 : 12:00~13:00(식사시간 포함), 16:00~16:30(중간 휴식시간)
> (총 휴식시간 1시간 30분)

휴식시간 이외에 추가로 식사시간을 부여해야 하는 것이 아닌지 궁금해하는 경우가 종종 있습니다. 식사시간을 별도로 부여해야 할 의무는 없고, 휴식시간을 활용해 식사를 한다고 이해하면 좋을 것 같습니다.

지금까지 근무시간과 휴식시간의 기본개념을 살펴보았습니다. 이러한 개념에 대한 이해는 직원관리에 있어서 중요한 부분에 해당되는 임금관리와 연결되어 있는 만큼, 다음과 같은 퀴즈를 통해 개념을 보다 명확히 정리하고 넘어가도록 하겠습니다.

🎯 다음 사업체의 근무시간과 휴식시간은 몇 시간일까요?

....

- 강원도에 있는 음식점에서 일하는 정규직원의 근무시간은 오전 10시부터 오후 10시까지입니다.
- 오후에 출근하는 아르바이트직원의 근무시간은 오후 4시부터 오후 10시까지입니다.
- 식사시간은 오전 11시부터 11시 30분, 오후 5시부터 5시 30분으로, 각 30분씩 2번 있습니다.
- 손님이 없는 오후 3시부터 4시까지는 중간 휴식시간이 있습니다.

....

① 정규직원의 근무시간은 몇 시간일까요?

출근(오전 10시)해서 퇴근(오후 10시)할 때까지의 총체류시간은 12시간이며, 휴식시간은 식사시간 1시간, 중간 휴식시간 1시간으로 총 2시간입니다. 따라서 근무시간은 10시간(12시간-2시간)입니다.

② 아르바이트직원의 근무시간은 몇 시간일까요?

출근(오후 4시)해서 퇴근(오후 10시)할 때까지의 총체류시간은 6시간이며, 휴식시간은 저녁 식사시간 30분이 있습니다. 따라서 근무시간은 5시간 30분(6시간-30분)입니다.

이와 관련해 아르바이트직원에게는 휴식시간을 부여하지 않는 사업체가 종종 있는데, 근무시간이 4시간 이상이면 반드시 휴식시간을 30분 이상 부여하도록 법에 규정되어 있습니다. 따라서 4시간 이상 근무하는 아르바이트직원에게는 반드시 근무시간 도중 휴식시간을 부여해야 하며, 근로계약서상에 해당 휴식시간을 명확히 기입해야 합니다.

휴식시간을 부여하는 경우 해당 시간만큼은 전체 근무시간에서 임금을 감액하여 지급할 수 있습니다.

③ 정규직원인 K 씨는 전날 과음을 해서 1시간 늦게 출근했습니다. 이 경우 근무시간은 어떻게 계산할까요?

K 씨의 정규 근무시간은 10시간이지만 1시간을 지각했으므로, 당일 근무시간은 9시간으로 인정하여 1시간의 임금을 감액할 수 있습니다.

④ 5월에는 가족행사로 인해 손님이 많아서 직원들이 매일 1시간 씩 늦게 퇴근합니다. 이 경우 임금계산을 위한 근무시간이 어떻게 될까요?

5월 중 총근무일이 26일이었다면 총 26시간(26일×1시간)의 추가근무가 발생하므로 해당 시간만큼의 임금을 추가로 지급해야 합니다. 만약 퇴근시간은 1시간 늘었지만 중간 휴식시간을 30분 추가로 부여했다면 근무시간은 30분만 연장된 것으로 인정됩니다. 따라서 이런 경우 추가 근무시간은 13시간(26일×30분)으로 계산하면 됩니다.

한편, 이런 추가근무에 대해 사업주가 시간외근무수당(소위 특근수당)을 공식적으로 지급하는 대신 직원들에게 감사의 표시로써 일정 금액의 금전(소위 '봉투')을 지급하는 경우가 많습니다. 그런데 이렇게 비공식적으로 지급하는 금액이 법적으로 지급해야 하는 법적 수당(연장근무수당 등)보다 적은 경우 임금체불에 해당됩니다. 더 나아가 금전 지급 사실을 증명하기 어려운 경우 연장근무수당을 전혀 지급하지 않은 것으로 인정될 수 있다는 사실에 주의할 필요가 있습니다. 따라서 소위 봉투를 지급할 때는 '추가근무에 대한 특별수당'이라는 점을 분명히 해야 하며, 지급근거를 남겨두어야 합니다. 물론 가장 좋은 방법은 추가근무시간에 대한 가산수당을 공식적으로 정확히 지급하는 것입니다.

휴게시설 설치 의무화제도가 시행됩니다

2022년 8월 18일부터 일정 규모 이상의 사업체에서는 직원들이 적절한 휴식을 취할 수 있도록 휴게시설을 의무적으로 설치해야 합니다.

■ 의무시행 대상 사업장
1) 상시근로자 20명 이상(건설업은 공사금액 20억 원 이상) 사업장
2) 상시근로자 10인 이상 사업장으로 아래 7개 직종, 2명 이상을 사용하는 경우
① 전화상담원 ② 돌봄서비스 종사원 ③ 텔레마케터 ④ 배달원

⑤ 청소원 및 환경미화원 ⑥ 아파트 경비원 ⑦ 건물 경비원

■ 위반 시 과태료 부과
1) 휴게시설을 설치하지 않은 경우 : 1,500만 원 이하의 과태료
2) 휴게시설 설치 · 관리기준을 준수하지 않은 경우 : 1,000만 원 이하의 과태료

■ 시행시기
1) 상시근로자 50명 이상(건설업은 공사금액 50억 원 이상) : 2022.8.18. 시행
2) 상시근로자 50명 미만(건설업은 공사금액 50억 원 미만) : 2023.8.18. 시행

■ 휴게시설 설치 · 관리기준
• (크기 및 위치) 최소면적은 6㎡ 이상, 바닥에서 천장까지 2.1m 이상
• (온도, 습도, 조명, 환경) 온도는 18~28℃ 수준 유지(냉난방 구비)
  – 습도(50~55%) 및 조명(100~200Lux)을 유지할 수 있는 기능, 환기 가능
• (비품 및 설비) 의자 등과 음용이 가능한 물 제공(또는 해당 설비 구비)

※ 둘 이상의 사업장이 공동으로 휴게시설을 설치하는 것도 가능

개인사업자 및 소규모 사업주들을 위한 임금 · 인사 · 노무관리

시간외근무 :
너란 놈의 정체는 뭐니!

시간외근무란 사업주와 직원이 일하기로 정한 근무시간(소정근무시간)을 초과하여 근무하는 시간을 말합니다. 일반적으로 연장근무, 초과근무, 특근 등 다양한 명칭으로 불리고 있습니다.

실무상 중요한 것은 근로기준법에서 정한 법정근무시간(1일 8시간, 1주 40시간)을 초과한 근무에 대해 어떻게 처리해야 하는지입니다. 시간외근무는 무제한으로 인정되지 않으며, 임신 및 출산여성, 청소년 등은 시간외근무를 보다 엄격하게 제한하고 있습니다.

최근 장시간 일하는 문화를 개선하기 위해 연장근무 및 휴일근무를 포함하여 1주 최대 12시간까지만 시간외근무가 가능(1주 최대 52시간까지 근무 가능)하도록 근로기준법이 개정되었습니다.

즉, 2021년 7월 1일부터 상시근로자 수 5인 이상 사업장이 법 적용대상이며, 상시근로자 수가 5인 미만인 소규모 사업장은 관련 법이 적용되지 않아 기존과 같이 근무시간 제한이 없습니다. 또한 운송업과 보건업의 경우 업종의 특성을 반영하여 상시근로자 수와 상관없이 관련법을 적용받지 않아 1주 52시간 이상 근무가 가능합니다.

특히 소규모 사업체에서는 전체 근무시간 관리뿐만 아니라 시간외근무시간을 정확히 산정하고 그에 따른 적정한 추가임금을 지급하는지 여부가 중요합니다. 이것이 사업현장에서 발생하는 실제 노동분쟁에서 큰 부분을 차지하고 있기 때문입니다.

지금부터 사업주가 알아야 할 시간외근무의 주요 관리사항 및 유의점에 대해 살펴보겠습니다.

(1) 시간외근무의 관리가 중요한 사업장 기준이 있나요?

상시근로자 수 5인 이상 사업장인지 여부가 중요합니다. 상시근로자 수 5인 미만 사업장의 경우 시간외근무에 대해 가산수당을 지급할 의무가 없으며, 시간외근무시간 제한도 적용되지 않기 때문에 가산수당 없이 추가근무시간에 해당하는 만큼의 임금만 지급하면 됩니다.

(2) 추가임금만 지급하면 사업주가 아무 때나 시간외근무를 요구할 수 있나요?

시간외근무를 위해서는 직원의 동의가 필요합니다. 원칙적으로 시간외근무가 필요할 때마다 직원의 동의를 얻어야 합니다. 하지만 현실적으로는 시간외근무를 할 때마다 동의를 받기가 어려우므로 근로계약을 체결할 때 근로계약서상에 다음과 같은 시간외근무에 대한 동의조항을 넣거나, 시간외근무에 대한 포괄적 동의서(131쪽 서식 참조)를 별도로 작성해두면 됩니다.

● **시간외근무에 대한 동의조항 작성 사례**

> 정규근무시간 이외에 업무에 필요한 경우 시간외근무를 요구할 수 있으며, 근로자는 특별한 사유가 없는 한 이에 동의한다.   동의자 : _____ (서명)

(3) 시간외근무수당은 어떻게 계산하나요?

앞서 설명했듯이 시간외근무란 법정근무시간이나 소정근무시간을 초과한 근무를 의미하며, 다음과 같이 연장근무, 야간근무, 휴일근무로 구분됩니다.

- 연장근무 : 1일 8시간, 1주 40시간을 초과하여 근무하는 시간
- 야간근무 : 근무시간 여부와 상관없이 오후 10시부터 다음날 오전 6시까지 근무하는 시간
- 휴일근무 : 사업주와 직원이 휴일로 정한 날에 근무하는 시간

시간외근무를 위와 같이 구분하는 이유는 각각의 시간외근무시간에 해당하는 경우 '통상임금의 50%를 가산'해서 지급해야 하기 때문입니다.

예를 들어 연장근무이면서 야간근무에 해당되는 등 시간외근무유형이 중복되는 경우에는 각각의 가산수당을 별도로 계산해서 지급해야 합니다.

그럼 시간외근무에 대한 개념을 확실히 이해하기 위해 다음 사례를 통해 직원들의 일급을 계산해보겠습니다.

🎯 24시간 운영하는 2개의 PC방 A, B에서 근무하는 직원의 일급은 얼마일까요?

- 직원 수 : A PC방 − 아르바이트직원 4명, B PC방 − 정규직원 1명, 아르바이트직원 6명
- 근무형태 : 주 6일 12시간 교대근무, 24시간 운영
- 근무시간 : 오전근무(10:00~22:00), 밤근무(22:00~익일 10:00)
- 휴식시간 : 12:00~13:00, 19:00~20:00, 02:00~06:00 사이에 교대로 2시간
- 시급 : 12,000원(정규직원과 아르바이트직원 동일)

① A PC방 오전근무자의 일급은 얼마일까요?

전체 근무시간은 총체류시간인 오전 10시부터 오후 10시까지 중 휴식시간 2시간(12:00~13:00, 19:00~20:00)을 제외한 10시간(12시간−2시간)입니다. 따라서 오전근무자의 일급은 다음과 같습니다.

- 10시간×12,000원=120,000원

② A PC방 밤근무자의 일급은 얼마일까요?

전체 근무시간은 오전근무자와 동일한 10시간이며, 일급도 120,000원으로 동일합니다.

A PC방의 경우 상시근로자 수 5인 미만 사업장이므로 법정근무시간인 1일 8시간을 초과하는 연장근무에 대해 가산수당이 발생하지 않습니다. 따라서 근무형태와 상관없이 동일한 임금을 지급해도 무방합니다.

다만 야간근무가 힘들다는 점을 감안해서 오전근무에 비해 추가적인 임금을 지급하는 경우가 많습니다.

③ B PC방 오전근무자의 일급은 얼마일까요?

전체 근무시간은 총체류시간인 오전 10시부터 오후 10시까지 중 2시간의 휴식시간을 제외한 10시간으로 A PC방과 동일하며, 기본일급도 120,000원으로 동일합니다.

다만 B PC방의 경우 상시근로자 수가 5인 이상이기 때문에 가산수당이 발생합니다. 즉, 하루 8시간이 넘는 2시간의 연장근무에 대해 다음과 같이 50%의 가산수당이 발생하게 됩니다.

• 2시간 × (12,000원 × 50%) = 12,000원

따라서 B PC방에서 오전근무자에게 지급해야 할 일급 총액은 다음과 같습니다.

- 120,000원(기본일급)+12,000원(연장근무수당)=132,000원

④ B PC방 밤근무자의 일급은 얼마일까요?

밤근무자의 경우 오전근무자와 마찬가지로 2시간의 연장근무가 발생하며, 여기에 야간근무가 추가로 발생합니다. 야간근무는 오후 10시부터 다음날 오전 6시까지의 근무를 말하며, 사례의 경우 총 8시간의 야간근무 중 2시간의 휴식시간(02:00~06:00 사이 교대로 2시간)이 포함되어 있으므로 총 6시간의 야간근무가 발생합니다. 따라서 추가로 발생되는 야간근무수당은 다음과 같습니다.

- 6시간×(12,000원×50%)=36,000원

이를 포함한 B PC방 밤근무자의 일급 총액은 다음과 같습니다.

- 120,000원(기본일급)+12,000원(연장근무수당)+36,000원(야간근무수당)
  =168,000원

위와 같이 A PC방과 B PC방의 아르바이트직원들은 모두 10시간을 근무하고 있지만, 직원 수가 몇 명인지, 오전근무인지 밤근무인지에 따라서 일급에 차이가 생긴다는 사실(최소 120,000원, 최대 168,000원)을 확인할 수 있습니다.

사업을 운영하는 데 있어서 인건비관리는 매우 중요한 부분입니다.

따라서 직원 수를 몇 명으로 할지, 근무시간을 어떻게 운용할지 등을 신중히 검토하여 결정할 필요가 있습니다. 특히 최근 최저임금이 지속적으로 인상되고 있다는 점에서 그 중요성이 더욱 부각되고 있습니다.

🎯 의류쇼핑상가에서 의류도매업을 하는 K업체 직원의 임금은 얼마일까요?

- 직원 : 정규직원 6명, 시즌에 따라 일용직 및 아르바이트직원을 일시적으로 채용
- 근무형태 : 주 5일 교대근무, 토요일 전체 휴무
- 근무시간 : 오전근무(10:00~22:00), 밤근무(22:00~익일 08:00)
- 휴식시간 : 14:00~15:00, 20:00~21:00, 02:00~04:00
- 시급 : 15,000원(정규직원 및 일용직, 아르바이트직원 동일)

① 오전근무자의 1일 가산수당은 얼마일까요?

전체 근무시간은 총체류시간인 오전 10시부터 오후 10시까지 중 2시간의 휴식시간을 제외한 10시간입니다.

K업체는 상시근로자 수가 5인 이상인 사업체이므로 시간외근무에 대한 가산수당이 발생합니다. 위 사례에서는 법정근무시간인 8시간을 초과한 2시간이 연장근무에 해당되어 가산수당(연장근무수당)이 다음과 같이 계산됩니다.

- 2시간×(15,000원×50%)=15,000원

② 밤근무자의 1일 가산수당은 얼마일까요?

전체 근무시간은 총체류시간인 오후 10시부터 다음날 오전 8시까지 중 2시간의 휴식시간을 제외한 8시간입니다. 법정근무시간인 8시간을 초과하지 않았기 때문에 연장근무수당은 발생하지 않습니다.

다만 밤근무자의 근무시간에는 야간근무가 포함되어 있습니다. 야간 근무시간은 총 8시간 중 휴식시간 2시간을 제외한 6시간입니다. 따라서 밤근무자의 가산수당(야간근무수당)은 다음과 같이 계산됩니다.

- 6시간×(15,000원×50%)=45,000원

③ 오전 9시에서 오후 11시까지 근무한 일용직직원의 일당은 얼마일까요?

전체 근무시간은 총체류시간인 오전 9시부터 오후 11시까지 중 2시간의 휴식시간을 제외한 12시간입니다. 따라서 기본임금은 180,000원(12시간×15,000원)입니다. 여기에 다음과 같이 1일 8시간을 초과한 연장근무(4시간)에 대한 가산수당과 야간근무(오후 10시부터 11시까지 1시간)에 대한 가산수당이 추가됩니다.

- 연장근무수당 : 4시간×(15,000원×50%)=30,000원
- 야간근무수당 : 1시간×(15,000원×50%)=7,500원

따라서 해당 일용직직원의 일당은 다음과 같습니다.

- 180,000원(기본임금)＋30,000원(연장근무수당)＋7,500원(야간근무
수당)＝217,500원

④ 연말 시즌을 맞아 직원들이 전체 휴일인 토요일에 오전 10시
부터 오후 6시(식사시간 1시간 부여)까지 근무한 경우 얼마를 추가
로 지급해야 할까요?

K업체는 토요일을 전체 휴일로 정하고 있으므로 토요일 근무는 정상
근무가 아닌 휴일근무에 해당됩니다. 휴일근무시간은 휴식시간 1시간
을 제외한 7시간입니다. 이와 관련해 휴일근무에 대해 가산수당을 어떻
게 지급해야 하는지와 관련한 논란이 있었으나, 다음과 같은 근로기준
법 개정을 통해 그러한 논란이 명확히 정리되었습니다.

관련 법조항

근로기준법 제56조(연장 · 야간 및 휴일근로)
② 휴일근로에 대하여는 다음 각 호의 기준에 따른 금액 이상을 가산하여
근로자에게 지급하여야 한다.
1. 8시간 이내의 휴일근로 : 통상임금의 100분의 50
2. 8시간을 초과한 휴일근로 : 통상임금의 100분의 100

즉, 휴일근무가 연장근무와 중복되더라도 8시간 이내의 휴일근무에 대해서는 50%만 가산수당을 지급하면 됩니다. 다만 휴일근무가 8시간을 초과하는 경우에는 초과한 시간만큼은 100%의 가산수당을 지급해야 합니다. 예를 들어 휴일근무를 10시간 했다면 8시간은 50%의 가산수당을 지급하고, 2시간은 100%의 가산수당을 지급해야 합니다.

따라서 K업체에서 직원들이 휴일인 토요일에 근무했을 때 지급해야 하는 휴일근무수당(8시간 이내의 휴일근무에 해당)은 다음과 같습니다.

• 휴일근무수당 : 7시간×(15,000원×150%)=157,500원

한편, 실제 사업현장에서는 제조업을 중심으로 휴일근무수당을 정확히 계산해서 지급하지 않고, 사전에 정한 일정액의 휴일근무수당(일명 '특근수당')을 지급하는 경우가 많습니다. 하지만 이렇게 정액으로 지급하는 특근수당이 법적으로 계산한 휴일근무수당보다 적은 경우 임금체불에 해당될 수 있으므로 주의할 필요가 있습니다. 예를 들어 시급을 각각 12,000원, 15,000원으로 다르게 적용받는 직원들에게 휴일근무 8시간을 시키고 휴일근무수당 150,000원을 동일하게 지급하는 경우 시급이 12,000원인 직원은 법정수당 144,000원(12,000원×8시간×1.5)보다 많이 지급받으므로 문제가 없습니다. 하지만 시급이 15,000원인 직원은 법정수당 180,000원(15,000원×8시간×1.5)보다 적게 지급받는 문제가 생깁니다. 최근 고용노동부 사업장 점검에서 많이 지적되는 분야이고, 직원들의 이의제기도 점점 많아지고 있어 법적 기준에 따라 휴일근무수당을 정확히

지급해야 합니다.

(4) 아르바이트직원에게도 시간외근무수당을 지급해야 하나요?

지급해야 합니다. 과거에는 소위 '법 내 연장근무'라는 개념을 활용하여 법정근무시간인 8시간을 초과했을 때만 가산수당을 지급했습니다. 하지만 법 개정을 통해 2014년 9월부터는 정규근무시간보다 짧게 일하는 아르바이트직원이 정해진 소정근무시간을 초과하여 근무했을 때도 연장근무수당을 지급하도록 했습니다. 과거 일부 사업주가 아르바이트직원을 대상으로 법 내 연장근무개념을 악용하는 사례가 많아 이를 방지하기 위해 법이 개정된 것입니다.

따라서 현재는 5시간을 근무하기로 정해져 있는 아르바이트직원이 사업주의 요구로 2시간을 추가근무하면 그 2시간에 대해서는 1.5배(3시간 분)의 가산임금을 지급해야 합니다.

(5) 갑자기 1주 52시간 넘게 근무해야 하는 상황이 발생하면 어떻게 해야 하나요?

사업을 하다 보면 불가피하게 장시간 근무가 필요한 경우가 발생할 수 있습니다. 이런 경우 '특별연장근로 인가제도'를 활용해볼 수 있습니다. 특별연장근로 인가제도란 근로기준법 제53조 제4항에 따라 특별한 사정이 있는 경우 1주 52시간을 초과하여 근무할 수 있는 제도입니다.

이러한 특별연장근로에 대한 인가 또는 승인 요건은 다음과 같습니다.

우선 특별연장근로 인가를 위해서는 다음의 사유에 해당해야 합니다.

특별연장근로 인가 사유

① 재난 또는 이에 준하는 사고가 발생하여 이를 수습하거나 재난 등의 발생이 예상되어 이를 예방하기 위해 긴급한 조치가 필요한 경우
② 사람의 생명을 보호하거나 안전을 확보하기 위해 긴급한 조치가 필요한 경우
③ 갑작스런 시설·설비의 장애·고장 등 돌발적인 상황이 발생하여 이를 수습하기 위해 긴급한 조치가 필요한 경우
④ 통상적인 경우에 비해 업무량이 대폭적으로 증가한 경우로서 이를 단기간 내에 처리하지 않으면 사업에 중대한 지장을 초래하거나 손해가 발생하는 경우
⑤ 소재·부품 및 장비의 연구개발 등 연구개발을 하는 경우로서 고용노동부장관이 국가경쟁력 강화 및 국민경제 발전을 위해 필요하다고 인정하는 경우

〈참조 : 근로기준법 시행규칙 제9조(특별한 사정이 있는 경우의 근로시간 연장 신청 등)〉

다음으로 대상 근로자의 '개별' 동의를 받아야 하며, 사태가 급박한 경우에는 사후 동의는 가능합니다.

마지막으로 관할 고용노동지청에 특별연장근로 인가를 신청해야 합니다. 신청 시에는 특별연장근로 신청서(132쪽 서식 참조)와 함께 특별연장근로에 대한 내용(133쪽 서식 참조)과 적용대상 근로자의 서명이 있는 동의서(134쪽 서식 참조)를 함께 제출하여 인가를 받아야 합니다.

특별연장근로 인가를 받게 되면 1주 52시간을 초과하여 '1주 최대 64시간'까지 연장근무가 가능하며, 사유에 따라 다음과 같이 인가기간이 정해집니다.

시행규칙 각 호 사유	1회 최대 인가기간	1년간 활용 가능 기간
제1호(재난 등) 제2호(인명보호 등)	4주 이내	사유해소에 필요한 기간
제3호(돌발적 상황) 제4호(업무량 급증)		90일 *제3호 및 제4호에 따른 각각의 기간을 합산
제5호(연구개발)	3개월 이내	3개월을 초과하는 경우에는 심사를 거쳐 활용기간 연장 *추가 연장근로 현황, 근로자 건강보호 조치 시행 여부 확인 등

※1년은 매년 1월 1일부터 12월 31일의 기간임

만약 불가피하게 장시간 연장근무가 필요한 경우 최소한의 기간으로 특별연장근로 인가제도를 활용해보기 바랍니다.

정해진 근무시간을 채우지 않은 직원은 어떻게 해야 하나요?

사업주는 직원의 경험이나 능력 등을 고려해 임금을 정합니다. 직원이 정해진 임금을 받기 위해서는 정해진 근무시간을(소정근무시간) 모두 채워서 일하는 것을 기본조건으로 합니다.

하지만 실제로 일을 하다보면 다양한 이유로 인해 근무시간을 모두 채우지 못하는 경우가 발생합니다. 이때 적용되는 노동법의 대원칙 중 하나가 '무노동 무임금' 원칙입니다. 따라서 직원이 정해진 시간을 모두 채워서 일하지 않았다면 사업주가 임금을 전액 지급할 의무는 없습니다.

다만 일하지 않은 시간보다 더 많은 임금을 감액하는 것은 인정되지 않습니다. 반대로 일하지 않은 시간에 대해 임금을 감액하지 않고 전액 지급하는 경우는 직원에게 유리한 조치로써 법적으로 문제가 되지 않습니다.

(1) 지각하는 직원의 임금은 어떻게 처리해야 하나요?

지각한 시간만큼 임금을 공제할 수 있습니다. 다만 천재지변이나 피치 못할 개인사정 때문에 지각을 하는 경우에는 임금을 공제하지 않는 것이 좋습니다. 그밖에 사전에 지각사유를 사업주에게 알린 경우를 제외한 무단지각이나 정당한 사유 없는 지각에 대해서는 직장질서관리 차원에서 해당 시간만큼 임금을 공제하는 것이 좋습니다.

이때 지각한 시간만큼만 정확히 임금을 공제해야 한다는 점에 주의해야 합니다. 실제 필자가 사업현장에서 상담을 하다보면 '지각 3회 시 결근 1회로 간주하여 하루 임금을 공제한다'는 식의 규정을 두고 임금을 공제하는 사업체들이 종종 있습니다. 이런 경우 만약 총 3회 지각한 시간의 합이 하루의 근무시간과 같거나 더 많은 경우에는 문제가 없지만, 하루의 근무시간보다 적은 경우에는 임금체불에 해당되어 법적으로 문제가 됩니다. 따라서 지각한 시간만큼의 임금만 정확히 공제해야 합니다.

다만 지각이 잦은 직원에 대해서는 임금공제 이외에 감봉(210쪽 참조) 등의 징계를 통해 주의를 주는 방법을 고려해볼 수 있습니다.

(2) 조퇴는 어떻게 처리해야 하나요?

개인사정에 의한 조퇴를 인정해줄지 여부는 사업주가 판단할 문제입니다. 사업주가 조퇴를 인정해주는 경우 해당 시간만큼의 임금감액은 가능하며, 개인휴가를 사용할 수 있다면 임금감액 대신 연차나 반차 등으로 대체하는 방식도 고려해볼 수 있습니다.

다만 피치 못할 개인사정으로 조퇴를 신청하는 경우에는 어쩔 수 없겠지만, 다른 직원에 비해서 정당한 이유 없이 빈번히 조퇴를 신청하는 직원이 있다면 다른 직원들과의 형평성 차원에서 엄격히 조퇴관리를 할 필요가 있습니다.

(3) 결근하는 직원은 어떻게 관리해야 하나요?

결근한 일수만큼 임금을 공제할 수 있습니다. 또한 1주 동안 소정근로일을 개근하는 경우에 지급되는 주휴수당(통상 월급을 받는 정규직원의 경우 8시간분의 임금)도 추가로 공제할 수 있습니다.

몸이 아프거나, 사전에 결근을 통지하는 등 사업주가 인정해줄 수 있는 정당한 사유로 결근하는 경우 개인휴가로 대체처리하는 방식도 가능합니다. 이런 경우에는 주휴수당을 공제하지 않습니다.

지금까지 설명한 지각, 조퇴, 결근처리와 관련해서 가장 중요한 점은 '원칙을 지키는 것'입니다. 사업주들이 지각, 조퇴, 결근에 대해 임금을 공제하는 이유는 정당한 사유가 없는 지각, 조퇴, 결근을 줄이기 위해서이지, 임금감액을 위해서가 아닌 경우가 많습니다. 그럼에도 불구하고 직원에 따라, 상황에 따라 임금공제 여부를 달리 적용하면 사업주의 인사관리원칙이 무너지게 되어 얻는 것보다 잃는 것이 훨씬 많아집니다. 따라서 이런 일이 생겼을 때는 감정적으로 처리하기보다는 직원들과 사전에 약속한 원칙대로 처리하는 것이 좋습니다.

원칙 없는 직원관리로 인해 이러지도 저러지도 못하게 된 사장님!

10년 전 소규모 인테리어사업을 시작한 K 대표는 사람 좋기로 유명합니다. 사업 초기 K 대표와 직원 2명이 가족처럼 서로 의지하면서 사업을 일구었고, 이제는 직원이 20명이 넘는 중소기업이 되었습니다. 하지만 최근 필자를 만난 K 대표는 이런 고민을 털어놓았습니다.

"요즘에는 직원들이 내말을 듣지를 않아! 날 사장으로 대하는 것 같지도 않고!"

실제로 회사 사정을 살펴보니 직원들은 대표의 말을 잘 믿지 않을 뿐 아니라 사사건건 이의를 제기하고 있었습니다. 한마디로 직장질서가 무너져 있는 느낌이었습니다. 대체 회사가 왜 이렇게 되었을까요?

이유는 바로 이 사례의 첫 문장에 있습니다. 바로 K 대표의 '사람 좋음'이 문제였습니다. K 대표는 무리가 되더라도 직원들의 개인적 또는 업무와 관련한 요구들을 가급적 수용하려고 노력했습니다. 관리부서에서 그런 요구들을 처리하기 어렵다고 보고해도 무조건 처리해주라는 경우가 많았습니다. 상황이 이렇다 보니 직원들이 요구사항이 생기면 회사에 공식적으로 요구하기보다는 대표에게 비공식적으로 요구하게 되었습니다.

물론 이러한 업무처리방식이 회사발전이나 직원관리 측면에서 나쁘다고만 할 수는 없습니다. K 대표의 업체에서도 사업 초기에는 이런 방식이 회사발전을 위한 소통 측면에서 긍정적인 효과가 있었습니다. 하지만 회사규모가 커지고 직원이 많아지면서 부작용이 늘어난 것입니다. 직원이 경제사정이 어렵다고 하면 월급을 갑자기 인상해주거나, 일이 힘들다고 하면 특별휴가를 부여하는 식의 원칙 없는 직원관리가 계속되었습니다. 더 큰 문제는 개인적인 요구를 하는 사람들에게만 혜택이 돌아갔다는 점입니다. 이러다 보니 불만 없이 열심히 일하는 직원들은 역으로 차별을 받는 등의 문제가 계속 발생했고, 좋은 인력들이 회사를 떠나는 경우가 많아졌습니다. 당연히 남아있는 직원들도 불만이 많아졌습니다.

소규모 사업체 대표들과 상담하다보면 이런 말들이 자주 나옵니다.

"조그만 사업에서 뭐 내 맘대로 하면 되는 거 아냐?"

"성실하고 일 잘하는 직원한테 잘해주는 게 뭐 어때서?"

"내가 몰래 잘해주면 다른 직원들이 어떻게 알겠어!"

직원들에게 호의를 베풀고 의견을 받아들이는 것은 좋은 일이며 필요한 일입니다. 하지만 그 모든 결정은 직원들과 합의한 분명한 기준에 따라 처리되어야 하고, 계속 그 기준을 지켜나가야 한다는 점이 중요합니다. 당장의 위기에서 벗어나기 위해 임기응변식으로 원칙 없는 직원관리를 하면, 나중에 그보다 더 큰 어려움을 겪게 될 수 있다는 사실을 명심해야 합니다.

휴일은 일요일이랑
빨간 날 아닌가요?

일반적으로 직원들에게 휴일은 토요일, 일요일 및 공휴일(소위 '빨간 날')로 인식되고 있지만, 실제 현장에서는 업종, 규모, 사업특성에 따라 휴일제도가 다양하게 운용되고 있습니다. 휴일과 관련한 기본개념과 휴일제도 운용과 관련해 잘못 알려진 사실과 최근 개정된 사항을 중심으로 살펴보겠습니다.

(1) 법에서 정한 휴일에는 어떤 날들이 있나요?

법에서 정한 휴일을 '법정휴일'이라고 합니다. 법정휴일은 1주일에 1일 이상 부여해야 하는 주휴일과 근로자의 날(매년 5월 1일)이 해당되었으나, 최근 법개정에 따라 공휴일(임시공휴일 포함) 및 대체공휴일이 법정휴일로 인정되었습니다. 다만 소규모 사업장인 상시근로자 수 5인 미만 사업장은 적용제외됩니다. 법정휴일 이외에 사업주가 의무적으로 부여해야 하는 휴일은 없습니다.

주휴일은 일주일에 1일 이상(통상 1일)을 부여하되, 반드시 토요일이나 일요일 등 특정 요일에 부여할 필요는 없으며 직원과 협의하여 정하면 됩니다.

만약 직원이 법정휴일에 근무하게 되면, 상시근로자 수 5인 이상 사업장의 경우 휴일근무에 해당되므로 해당 직원에게 휴일근무수당(통상임금의 1.5배)을 지급해야 합니다.

(2) 공휴일은 언제부터 휴일로 처리해야 하나요?

소위 '빨간 날'로 불리는 공휴일은 관공서의 공휴일에 관한 규정에 의한 휴일로서 민간기업의 법정휴일이 아니었으나, 최근 근로기준법이 개정되어 2022년 1월부터는 대체공휴일을 포함하여 법정휴일로 부여해야 합니다.

근로기준법 제55조(휴일)
② 사용자는 근로자에게 대통령령으로 정하는 휴일을 유급으로 보장하여야 한다. 다만 근로자대표와 서면으로 합의한 경우 특정한 근로일로 대체할 수 있다.

근로기준법 시행령 제30조(주휴일)
② 법 제55조 제2항 본문에서 '대통령령으로 정하는 휴일'이란 「관공서의 공휴일에 관한 규정」 제2조 각 호(제1호는 제외한다)에 따른 공휴일 및 같은 영 제3조에 따른 대체공휴일을 말한다.

이와 함께 2023년 5월 4일부터 대체공휴일이 확대 적용(전체 공휴일 15일 중 총 13일)됩니다. 즉, 신정, 현충일을 제외한 나머지 공휴일에는 대체공휴일이 적용됩니다.

● 관공서의 공휴일에 관한 규정

구분	세부내용
공휴일	• 국경일 : 3·1절, 광복절, 개천절, 한글날 • 1월 1일, 설 및 추석연휴 3일 • 부처님오신날, 어린이날, 현충일, 크리스마스
공휴일	• 공직선거법상 선거일 • 기타 정부에서 수시 지정일(임시공휴일)
대체공휴일	• 설, 추석 연휴는 다른 공휴일 및 일요일 • 어린이날, 3.1절, 부처님오신날, 광복절, 개천절, 한글날, 기독탄신일(크리스마스)은 다른 공휴일 또는 토·일요일과 겹치는 경우 대체공휴일 적용

선거일이나 정부에서 임시로 정하는 휴일 역시 법정공휴일에 해당되므로 유급휴일로 부여해야 합니다.

다만 상시근로자 수 5인 미만 사업장의 경우 기존과 동일하게 관공서의 공휴일(임시공휴일, 대체공휴일 포함)을 반드시 휴일로 운영할 필요는 없고, 근무일로 운영(휴일근무수당 미발생)할 수 있습니다.

(3) 사업주가 직접 휴일을 정할 수 있나요?

법정휴일(주휴일, 근로자의 날, 공휴일 등) 이외에 휴일은 사업주가 정할 수 있습니다. 예를 들면 창립기념일 등 특정일을 지정하여 유급 또는 무급 휴일로 부여하는 식입니다. 이러한 휴일을 '약정휴일'이라고 합니다. 일부 사업체의 경우 아직도 공휴일 중 명절(설, 추석)만 약정휴일로 정해서 부여하는 경우가 있으나, 앞서 살펴본 대로 상시근로자 수가 5인 이상이라면 공휴일 전체를 법정유급휴일로 부여해야 합니다.

(4) 일주일 중 결근한 날이 있으면 주휴수당을 지급하지 않아도 되나요?

주휴일은 유급휴일이기 때문에 직원은 주휴일에 근무하지 않더라도 1일의 임금, 즉 주휴수당을 지급받게 됩니다. 다만 주휴수당을 지급받기 위해서는 관련 규정에 따라 해당 주의 소정근무일에 모두 근무(만근)를 해야 합니다. 따라서 개인사정 등으로 결근하는 경우에는 주휴수당을 지급받지 못하게 됩니다.

결과적으로 직원이 결근하는 경우 해당 결근일의 임금과 주휴수당을 공제할 수 있게 되어 실질적으로는 2일의 임금공제가 가능합니다.

(5) 휴일을 다른 날로 대체할 수 있나요?

업무특성상 부득이하게 주휴일 또는 공휴일에 근무해야 하는 경우가 생길 수 있습니다. 이러한 경우 원칙적으로 휴일근무수당을 지급해야 하지만, 원래 휴일 대신 다른 근무일에 대체하여 휴일을 부여하면 휴일근무수당을 지급하지 않아도 됩니다. 예를 들어 주휴일은 일요일인데, 일요일에 근무를 하고 수요일에 대체하여 휴무하는 사례가 위의 경우에 해당됩니다.

다만 휴일대체를 위해서는 '사전에(최소 24시간 이전)' 직원들에게 동의를 구해야 하며, 근로자대표와의 서면합의가 필요합니다(135~136쪽 서식 참조).

휴일대체는 직원들에게 불이익한 조치가 될 수 있으므로 남용되지 않아야 하며, 업무상황을 고려해 제한적으로 사용해야 하겠습니다.

● **주휴일 대체조항 작성 사례**

> 업무상황에 따라 부득이한 경우 당사자 간 합의를 통해 주휴일을 다른 근무일로 대체하여 휴무할 수 있다.

(6) 근로자의 날(5월 1일)은 반드시 쉬어야 하나요?

꼭 그렇지는 않습니다. 다만 근로자의 날(5월 1일)은 법정휴일이므로 반드시 유급휴일로 운용해야 합니다. 따라서 근로자의 날에 직원이 근무했다면 휴일근무에 해당되므로 해당 근무시간에 대해서는 통상임금의 1.5배를 지급해야 합니다. 즉, 근로자의 날도 다른 휴일과 마찬가지로 휴일근무수당을 지급하면 근무가 가능합니다.

다만 근로자의 날은 다른 휴일과 달리 휴일대체가 되지 않는다는 점에 주의해야 합니다. 따라서 직원이 근로자의 날에 근무하는 경우에는 휴일근무수당을 지급하거나, 수당 지급 대신 휴일을 부여한다면 근무시간의 1.5배에 상응하는 휴일(예를 들어 근로자의 날 8시간을 근무했다면 12시간 (8시간×150%))을 부여해야 합니다.

(7) 아르바이트직원에게도 주휴일을 부여해야 하나요?

원칙적으로 4주를 평균하여 1주간 15시간 이상 근무하는 아르바이트 직원에게는 주휴일을 부여해야 합니다. 이것은 실무상 아르바이트직원에 대한 주휴수당 지급문제로 볼 수 있는데, 이에 대해서는 '4장 임금관리'에서 자세히 설명하겠습니다.

휴일관리 개선이 필요한 사업주는 누구일까요?

① 직원이 4명인 중식당의 A 사장은 명절을 제외한 공휴일을 근무일로 운용하고 있으며, 직원들에게 '우리는 공휴일이 휴일이 아니고 근무일'이라고 설명했습니다.

② 보습학원 B 원장은 토, 일요일 각 7시간씩 채점 아르바이트를 하는 R 군에게는 주휴수당을 지급하지 않고, 월요일부터 금요일까지 5일간 4시간씩 채점 아르바이트를 하는 L 군에게는 주휴수당을 지급하고 있습니다.

③ 미용실 W 원장은 급한 일정이 생겨 화요일이 주휴일인 P 헤어디자이너에게 근무해줄 것을 요청했고, P 헤어디자이너는 화요일 대신 금요일에 휴무하기로 동의했습니다. W 원장은 휴일대체를 했으므로 P 헤어디자이너에게 휴일수당을 지급하지 않았습니다.

④ 자동차부품 제조업체 J 대표는 주문물량 증가로 인해 근로자의 날에 휴무하지 않고 직원들에게 근무를 지시했습니다. 그 대신 근무일인 5월 10일에 사업장 전체 휴무를 결정하고 별도의 추가수당은 지급하지 않았습니다.

정답은 4번 J 대표입니다. 근로자의 날에 근무하는 것은 가능합니다. 다만 앞에서 설명했듯이 근로자의 날은 휴일대체를 적용할 수 없기 때문에 다른 날로 휴일을 대체하더라도 휴일을 근로자의 날 근무시간의 1.5배만큼 부여하거나, 휴일대체 1일과 함께 50%의 가산임금을 추가로 지급해야 합니다.

05 휴가 : 우리도 휴가관리가 필요해?

필자 : 사장님, 직원들 휴가는 어떻게 관리하시나요?

사업주 : 2~3일 줍니다.

필자 : 여름휴가 말고 다른 휴가는 없나요?

사업주 : 우리 같이 작은 회사는 여름휴가 말고 정해진 별도 휴가가 없어요.

필자가 사업주들과 휴가관리에 대해 상담할 때 반복적으로 나오는 대화입니다. 아마 이 책을 읽고 있는 상당수 사업주들의 입장도 크게 다르지 않으리라 생각됩니다.

소규모 사업체에서 법적 기준을 적용할 때 관리가 잘 되지 않는 대표적 분야 중 하나가 휴가입니다. 여기서는 휴가관리에 대해 꼭 알아야 할 내용들을 중심으로 알아보겠습니다.

(1) 상시근로자 수 5명이 넘으면 휴가관리가 필요합니다

    법적으로 반드시 연차휴가제도를 운용해야 하는 기준은 '상시근로자 수 5인 이상 사업장'입니다. 업종에 따른 차이는 전혀 없습니다. '우린 조그만 식당이라서', '영세한 공장이라서' 등의 이유로 휴가제도 운용기준이 적용되지 않는 것은 아닙니다. 따라서 상시근로자 수가 5명이 넘으면 의무적으로 연차휴가제도를 운용해야 합니다.

    반대로 상시근로자 수 5인 미만 사업장은 휴가제도를 사업장환경에 맞춰 자유롭게 운용해도 무방합니다.

    여기서 법적 휴가제도란 '연차유급휴가제도'를 말하므로 직원이 연차휴가를 사용하더라도 해당 일의 임금을 당연히 지급해야 합니다.

(2) 경조사휴가는 의무적으로 부여해야 하나요?

    가족 및 친지의 사망, 직원의 결혼, 칠순잔치 등 직원들의 경사나 조사가 있는 경우 휴가를 신청하게 되는데, 이를 통상적으로 '경조휴가'라고 합니다. 경조휴가는 연차휴가와 달리 법적으로 반드시 부여해야 하는 휴가는 아닙니다. 따라서 사업장 사정에 따라 연차휴가로 처리하거나 결근처리할 수 있습니다.

    다만 경조사를 결근으로 처리하기보다는 연차휴가로 처리하거나, 출근한 것으로 처리해주는 방식이 바람직하다고 생각됩니다. 실제 많은 사업체에서 통상적으로 연차휴가와 별도로 경조사에 따른 휴가를 유급

으로 처리하고 있습니다.

(3) 연차휴가일수는 어떻게 계산하나요?

1년 이상 근무한 직원에게 그 다음연도부터 연차휴가를 부여하면 됩니다. 1년을 근무하면 15일의 연차휴가가 발생하며, 2년마다 1일이 추가되는 가산휴가를 포함하여 최대한도는 25일입니다. 사업장환경에 따라 법에서 정한 기준 이상(예를 들어 휴가일수를 더 많이 부여하거나, 경조휴가 제도를 별도로 운용하는 등)으로 휴가를 부여하는 것은 가능합니다.

다만 최근 행정해석 변경에 따라 만 1년을 근무하고 퇴사하는 직원의 경우 연차휴가는 총 11일이 발생(변경 전 행정해석은 만 1년 근무 시 총 26일의 연차휴가가 발생)하며, 만 1년에서 1일(366일 근무)이라도 더 근무하고 퇴사

관련 법조항

근로기준법 제60조(연차유급휴가)
① 사용자는 1년간 80퍼센트 이상 출근한 근로자에게 15일의 유급휴가를 주어야 한다.
② 사용자는 계속하여 근로한 기간이 1년 미만인 근로자 또는 1년간 80퍼센트 미만 출근한 근로자에게 1개월 개근 시 1일의 유급휴가를 주어야 한다.
③ 삭제
④ 사용자는 3년 이상 계속하여 근로한 근로자에게는 제1항에 따른 휴가에 최초 1년을 초과하는 계속 근로 연수 매 2년에 대하여 1일을 가산한 유급휴가를 주어야 한다. 이 경우 가산휴가를 포함한 총 휴가 일수는 25일을 한도로 한다.

하는 경우에는 종전과 같이 연차휴가가 15일 추가되어 총 26일의 연차휴가가 발생하게 됩니다.

1년 미만 근무한 직원에게도 연차휴가가 발생한다는 점에 주의해야 합니다. 1년 미만 근무한 직원의 경우 1개월 개근 시 1일의 연차유급휴가가 발생합니다. 예를 들어 만 6개월을 약간 넘게 근무하고 퇴사하는 직원이라면 총 6일의 연차휴가가 발생되며, 해당 직원이 근무기간 동안 총 3일의 연차휴가를 사용했다면 사용하지 않은 3일의 연차휴가에 대한 미사용수당을 퇴직 시에 지급해야 합니다.

다만 최근 행정해석 변경으로 1개월 개근 시 발생하는 1일의 연차휴가도 그 1개월의 근로를 마친 다음 날 근로관계가 있어야 합니다. 예를 들어 만 6개월(1.1~6.30) 근무 후 퇴사하는 경우에는 그다음 날 근로관계가 없어서 최대 5일만 연차휴가가 발생하게 됩니다. 따라서 6개월+1일 이상 근무해야 6일의 연차휴가가 발생하게 됩니다.

정리하면, 다음 표와 같이 입사 후 만 1년까지는 매월 1일(총 11일)의 연차휴가를 부여하고, 만 1년이 지난 시점에 15일의 연차휴가를, 그 이

● 근무기간별 휴가일수 ●

근무기간	1년	2년	3년	4년	5년	10년	11년	21년 ~
휴가일수	15일	15일	16일	16일	17일	19일	20일	25일

※ 가산휴가 계산법 : (근무연수 - 1년) ÷ 2 = 휴가일수(소수점 이하 버림)
(예) 근무기간이 6년인 경우 : 15일(기본) + (6-1) ÷ 2 = 17일

후에는 근속연수에 따라 가산휴가를 추가로 부여하면 됩니다.

최근 사용이 증가하고 있는 육아휴직기간도 출근한 것으로 간주하도록 법이 개정되었습니다. 따라서 육아휴직을 사용한 직원에게도 연차휴가를 정상적으로 부여해야 합니다.

실무상으로는 연차휴가일수를 입사일 기준보다는 회계연도 기준(1월 1일부터 12월 31일)으로 산정하는 경우가 많습니다.

예를 들어 2024년 3월 1일에 입사한 직원의 입사일 및 회계연도 기준 연차휴가일수를 산출해보면 각각 다음과 같습니다.

① 입사일 기준 연차휴가 일수

- 2024. 3. 1~2025. 2. 28 : 11일(1개월 개근 시 1일의 휴가 발생)
- 2025. 3. 1~2026. 2. 28 : 15일(입사 1년 이상)
- 2026. 3. 1~2027. 2. 28 : 15일(입사 2년 이상)
- 2027. 3. 1~2028. 2. 29 : 16일(입사 3년 이상 가산휴가 1일 추가)

② 회계연도 기준 연차휴가 일수

- 2024. 3. 1~2024. 12. 31 : 9일(1개월 개근 시 1일의 휴가 발생(4월~12월분))
- 2025. 1. 1~2025. 2. 28 : 2일(1개월 개근 시 1일의 휴가 발생(1월~2월분))
- 2025. 1. 1~2025. 12. 31 : 12.6일(입사 2년차 전년도 근무일수 비례 계산)*
- * 2024년 미재직일수 2개월(2024.1~2월)을 감안한 실제 재직기간에 대해 일할계산 적용

  [15일×306일(12개월-2개월)÷366일(연간일수)=약 12.6일]

- 2026. 1. 1~2026. 12. 31 : 15일(입사 3년차)
- 2027. 1. 1~2027. 12. 31 : 15일(입사 4년차)
- 2028. 1. 1~2028. 12. 31 : 16일(입사 5년차)

이밖에 연차휴가에 대한 세부적인 사항은 다소 복잡하고 어려운 점이 있기 때문에 여기서는 구체적인 설명을 생략하도록 하겠습니다.

(4) 직원이 원하면 연차휴가를 무조건 보내줘야 하나요?

특별한 상황이 아니라면, 원칙적으로 직원이 휴가를 청구한 시기에 휴가를 부여해야 합니다. 다만 사업상 지장이 있으면 사업주가 사용시기를 변경할 수 있습니다.

휴가사용시기는 직원들끼리 조율해서 정하거나, 사업주와 미리 사용시기를 정하는 등 휴가로 인해 업무에 지장이 생기지 않도록 사전에 조

관련 법조항

근로기준법 제60조(연차유급휴가)
⑤ 사용자는 제1항부터 제4항까지의 규정에 따른 휴가를 근로자가 청구한 시기에 주어야 하고, 그 기간에 대하여는 취업규칙 등에서 정하는 통상임금 또는 평균임금을 지급하여야 한다. 다만, 근로자가 청구한 시기에 휴가를 주는 것이 사업 운영에 막대한 지장이 있는 경우에는 그 시기를 변경할 수 있다.

율하는 것이 좋습니다.

또한 연차휴가를 사용하려는 직원에게는 휴가사용 전에 '연차휴가신청서(137쪽 서식 참조)'를 작성하여 제출하도록 할 필요가 있습니다. 연차휴가신청서는 업무에 지장이 없도록 사전에 업무일정을 조정할 수 있게 해주는 역할을 할 뿐만 아니라, 노동분쟁 발생 시 사업주가 직원에게 연차휴가를 부여했다는 증명이 되기 때문입니다.

(5) 연차휴가를 사용하지 않으면 어떻게 되나요?

연차유급휴가 미사용수당을 지급해야 합니다. 예를 들어 15일의 연차휴가가 발생한 직원이 1년 동안 10일의 연차휴가를 사용했다면 사용하지 않은 5일의 연차휴가에 대해 미사용수당을 지급해야 합니다.

연차휴가 미사용수당은 '미사용일수×일급'으로 계산하며, 해당 직원의 일급은 '통상시급×8시간'입니다. 예를 들어 통상시급이 2만 원인 직원의 하루 일급은 16만 원이 됩니다.

연차유급휴가수당 미지급 문제는 고용노동부 점검이나 임금체불 진정사건에서 빈번히 등장하는 부분으로, 이로 인해 벌금부과 등 법적 처벌을 받을 수도 있는 만큼 연차휴가관리에 주의를 기울여야 합니다.

(6) 연차휴가를 관리하는 방법에는 어떤 것이 있나요?

연차휴가를 관리하는 방법은 크게 다음 2가지 정도로 볼 수 있습니다.

첫째, 직원별로 연차휴가를 자유롭게 사용하게 하고, 1년간 사용일수를 계산하여 미사용일수만큼 연차휴가수당으로 정산하는 방법입니다. 일반적으로 대기업이나 규모가 큰 중소기업에서 이런 방법을 사용하고 있습니다. 일부 기업에서는 연차휴가 사용촉진제도를 활용하여 연차휴가를 관리하기도 합니다.

둘째, 연차유급휴가를 대체하는 방식입니다.

예를 들어 휴일과 휴일 사이에 근무일이 있는 경우 회사 전체가 휴무하거나, 일부 근무자에게 휴무를 부여하고 이를 연차휴가 사용으로 대체하는 방식입니다. 이러한 연차휴가 대체는 사업주가 일방적으로 처리할 수 없고, 근로자대표와의 서면합의를 통해 연차휴가 대체 합의서(138~139쪽 서식 참조)를 작성하여 운영하도록 규정하고 있습니다.

이와 관련하여 공휴일이나 대체공휴일이 2022년 1월 1일부터 법정휴일로 운영되므로 연차휴가일로 대체할 수 없다는 사실에 특히 주의할 필요가 있습니다(116~118쪽 참조).

사업장 특성에 따라 월급에 연차수당을 포함하는 방법으로 관리하기도 합니다. 하지만 이러한 관리방법은 직원들의 자유로운 연차휴가 사

관련 법조항

근로기준법 제62조(유급휴가의 대체)
사용자는 근로자대표와의 서면 합의에 따라 제60조에 따른 연차유급휴가일을 갈음하여 특정한 근로일에 근로자를 휴무시킬 수 있다.

용을 막는 부분이 있고, 향후 임금분쟁으로 발전될 수 있어 가급적 사용하지 않는 것이 좋습니다.

(7) 아르바이트직원이나 일용직직원에게도 휴가를 부여해야 하나요?

4주를 평균하여 1주간 15시간 이상 일하는 아르바이트직원의 경우 유급 주휴일 부여와 마찬가지로 연차휴가를 부여해야 합니다. 일용직근로자 역시 한 달을 만근하면 1일의 연차휴가가 발생합니다. 즉, 위와 같은 요건이 충족되면 아르바이트직원이나 일용직직원의 경우에도 연차휴가가 발생합니다.

연차휴가제도를 법적 기준에 맞게 운용하는 것은 실무상 어려운 부분 중 하나입니다. 회계연도 기준 연차휴가일수 계산이나 연차휴가수당 계산 등 복잡한 내용이 많기 때문입니다. 따라서 이처럼 복잡한 휴가관리가 어려운 소규모 사업체에서는 사업장환경에 맞춰서 최대한 단순하게 휴가제도를 설계하고 운용할 필요가 있습니다. 특히 상시근로자 수 5인 이상 사업장에서는 연차휴가를 의무적으로 부여해야 한다는 사실에 유의할 필요가 있습니다. 또한 최근 모성보호(배우자 출산휴가, 육아휴직, 육아기 근로시간 단축, 난임휴가 기간 확대 적용 등) 관련법이 지속적으로 강화되고 있어 관련 법규정 확인과 적용이 중요해지고 있습니다.

사업확장에 따른 직원증가 등으로 인해 합법적이며 효과적인 휴가제도 설계가 필요한 시점에는 전문가의 도움을 받아볼 필요도 있습니다.

시간외근무(연장 / 야간 / 휴일근무) 동의서

소 속		성 명	
직 위		생년월일	

상기 본인은 근로기준법 및 회사 규정에 따라 회사의 업무상 필요 및 부서의 성격에 따라 연장근무, 휴일근무 및 야간근무가 필요한 경우 시간외근무 실시에 동의하며, 구체적인 근무일자 및 근무시간은 사용자와 협의한 후 회사의 업무지시에 따를 것에 동의합니다.

동의자 : _____ (인)

년   월   일

(회사명) ○○○ 대표 귀하

[별지 제5호서식] <개정 2021. 4. 5.>

근로시간 연장 [ ]인가 [ ]승인 신청서

※ 색상이 어두운 난은 신청인이 적지 않으며, [ ]에는 해당하는 곳에 √ 표시를 합니다.

접수번호		접수일	처리기간	3일

신청인	사업장명		사업의 종류	
	대표자 성명		전체 근로자 수 명(남 명, 여 명)	
	소재지		(전화번호:)	

신청 내용	연장업무의 종류	
	연장사유 발생일	년 월 일
	연장기간	년 월 일부터 년 월 일까지 (일)
	추가 연장근로시간	1주 시간 ※「근로기준법」제53조제1항 및 제2항에 따른 1주 12시간을 넘는 연장근로시간을 적습니다.
	추가 연장근로 실시 근로자 수	명(남 명, 여 명)
	연장사유	[ ] 「재난 및 안전관리 기본법」에 따른 재난 또는 이에 준하는 사고가 발생하여 이를 수습하거나 재난 등의 발생이 예상되어 이를 예방하기 위해 긴급한 조치가 필요한 경우 [ ] 사람의 생명을 보호하거나 안전을 확보하기 위해 긴급한 조치가 필요한 경우 [ ] 갑작스런 시설・설비의 장애・고장 등 돌발적인 상황이 발생하여 이를 수습하기 위해 긴급한 조치가 필요한 경우 [ ] 통상적인 경우에 비해 업무량이 대폭적으로 증가한 경우로서 이를 단기간 내에 처리하지 않으면 사업에 중대한 지장을 초래하거나 손해가 발생하는 경우 [ ] 「소재・부품・장비산업 경쟁력강화를 위한 특별조치법」제2조제1호 및 제2호에 따른 소재・부품 및 장비의 연구개발 등 연구개발을 하는 경우로서 고용노동부장관이 국가경쟁력 강화 및 국민경제 발전을 위해 필요하다고 인정하는 경우
	근로자 건강 보호를 위한 조치	※「근로기준법」제53조제7항에 따라 사용자가 근로자의 건강 보호를 위해 건강검진 실시 또는 휴식시간 부여 등의 조치를 했거나 조치할 예정인 내용을 적습니다.

근로시간 연장의 구체적인 사유

「근로기준법」제53조제4항 및 같은 법 시행규칙 제9조제2항에 따라 위와 같이 근로시간 연장 인가 또는 승인을 신청합니다.

년 월 일

신청인 (서명 또는 인)
대리인 (서명 또는 인)

○○지방고용노동청(지청)장 귀하

첨부서류	1. 근로자의 동의서 사본 1부 2. 근로시간 연장의 특별한 사정이 있음을 증명할 수 있는 서류 사본 1부	수수료 없음

처리절차

신청서 제출	→	접수	→	검토	→	결재	→	통보
신청인		지방고용노동청(지청)장		지방고용노동청(지청)장		지방고용노동청(지청)장		지방고용노동청(지청)장

210mm×297mm[백상지(80g/㎡) 또는 중질지(80g/㎡)]

특별연장근로 동의서

___(회사명)___ 은(는) 특별한 사정의 발생으로 근로기준법 제53조제4항 따라 1주 12시간의 법정 연장근로시간을 초과한 추가 연장근로(특별연장근로)를 아래와 같이 운영하고자 합니다.

* (근로기준법 제53조제4항) 사용자는 특별한 사정이 있으면 고용노동부장관의 인가와 근로자의 동의를 받아 제1항과 제2항의 근로시간을 연장할 수 있다. 다만, 사태가 급박하여 고용노동부장관의 인가를 받을 시간이 없는 경우에는 사후에 지체 없이 승인을 받아야 한다.

1. 특별한 사정	근로기준법 시행규칙 제9조제1항 제 호 해당(구체적으로 기술)
2. 업무의 종류	〈특별연장근로가 이루어지는 모든 업무를 구체적으로 기술〉 1. 2. 3. 4. 5.
3. 특별연장근로 기간	20 년 월 일 ~ 20 년 월 일
4. 추가 연장근로시간 한도(주당)	
5. 건강보호조치	〈시행규칙 별지 제5호 서식에 기재한 근로자 건강보호조치를 기술〉
6. 근로자에게 건강검진 서면통보 여부	☐ 특별연장근로 시작 전 해당 근로자 전체에게 서면통보 완료 ☐ 일부 근로자에게만 서면 통보하거나 아직 서면통보를 하지 않음

※ 상기 2~4의 사항은 관할 지방고용노동관서의 인가(승인)과정에서 조정될 수 있음

이에, 다음의 대상 근로자는 상기 특별연장근로의 기간, 주당 추가 연장근로시간 등을 확인하였으며, 이에 따라 특별연장근로를 실시함에 동의합니다.

년   월   일

〈특별연장근로 적용대상 근로자〉

아래의 대상 근로자는 근로기준법 제53조제4항에 따라 1주 12시간의 법정 연장근로시간을 초과한 추가 연장근로(특별연장근로)를 실시함에 동의합니다.

연번	부서명	성명	연령	특별연장근로 기간 담당업무	서명

대체휴일 운영 합의서

㈜○○○와/과 근로자대표 _____ 은/는 근로기준법 제55조 제2항에 따라 다음과 같이
합의한다.

- 다 음 -

1. 적용대상 : 전직원 (또는 선택가능)
2. 적용휴일 : 주휴일 또는 공휴일(대체공휴일 포함)
3. 실시절차 : 회사는 교체할 휴일을 특정하여 24시간 이전에 해당 근로자에게 휴일변경을
   통보하고 협의를 통해 대체휴일을 지정함
4. 적용기간 : 본 합의서는 체결일로부터 유효하고, 근로자대표의 변경요구가 없는 한 자동
   갱신되는 것으로 한다.
   근로자대표가 퇴사하는 경우에도 새로운 합의서가 작성되기 전까지 본 합의
   서의 효력은 유지된다.

위 사항은 ㈜○○○와/과 근로자대표의 자유로운 의사에 따라 합의하였음을 확인한다.

202 .   .   .

㈜○○○   근로자대표

대표자 : ○ ○ ○   (인)   성명 :   (서명 또는 인)

별첨 : 근로자대표 선정서

근로자 대표 선정서

1. 근로자 대표 인적사항

성 명	
생년월일	
입 사 일	

2. 내용

근로기준법 제55조에 의거 휴일을 특정 근무일로 대체하는 것에 합의함에 있어 상기인 _____을/를 근로자 대표로 선정하여 사용자와 서면 합의하는 것에 대하여 아래의 근로자들은 동의함.

3. 선정일자

202 년 월 일

4. 동의인 목록

순번	성명	서명·날인	순번	성명	서명·날인
1			16		
2			17		
3			18		
4			19		
5			20		
6			21		
7			22		
8			23		
9			24		
10			25		
11			26		
12			27		
13			28		
14			29		
15			30		

휴 가 신 청 서

소 속		성 명	
직 위		생년월일	
휴가기간	~		
휴가구분	연차휴가, 반차휴가, 경조휴가( ), 병가, 기타( )		

■ 사 유

※ 증빙서류(첨부) :

년   월   일

위 신청인   (인)

(회사명) ○○○ 대표 귀하

연차유급휴가 대체 합의서

(회사명)와(과) 근로자 대표 _____은(는) 근로기준법 제60조(연차유급휴가)
에 의한 연차유급휴가를 부여함에 있어, 근로기준법 제62조에 의거하여 다음과 같이 합
의한다.

- 다 음 -

1. 대체 사용하고자 하는 휴가 : 근로기준법 제60조에 의한 연차유급휴가

2. 합의적용기간 : 20   . 1. 1. ~ 20   . 12. 31. (1년간)

3. 연차휴가 대체일을 다음의 날로 합의한다.
   단 휴가대체사용일과 휴일이 같은 날인 경우에는 휴일사용으로 한다.

대체 휴가일
(※합의에 따라 대체휴가일 결정)

4. 연차유급휴가 총 일수 중 대체휴가로 사용하고 남은 잔여일수에 대하여는 별도로 사용
함을 원칙으로 하며, 사업의 운영상 부득이 사용하지 못한 연차휴가일수에 대하여는 수당으
로 지급한다.

5. 근로자 대표가 퇴사하는 경우에도 제2항의 합의적용기간 내에는 동 합의의 효력은 존속
한다.

위 사항은 (회사명)와(과) 근로자 대표의 자유로운 의사에 따라 합의하였음을 확인한다.

20   년   1월   1일

(회 사 명)   근로자 대표

대표 :   (서명 또는 인)   성명 :   (서명 또는 인)

근로자 대표 선정서

1. 근로자 대표 인적사항

성명	
생년월일	
입사일	

2. 내용

근로기준법 제62조에 의거 연차유급휴가일을 특정한 근로일로 대체함에 있어서 상기인 _____을(를) 근로자 대표로 선정하여 사용자와 서면 합의하는 것에 대하여 아래의 근로자들은 동의함.

3. 선정일자

20   년   월   일

4. 동의인 목록

순번	성명	서명 · 날인	순번	성명	서명 · 날인
1			6		
2			7		
3			8		
4			9		
5			10		

4장

임금관리 :
임금과 퇴직금

돈은 최선의 종이요, 최악의 주인이다.

– 프랜시스 베이컨

임금관리 원칙 : 목적에 맞게 정확히 지급하자!

> ※ 월급, 연봉, 급여, 봉급, 임금, 일당, 일급, 주급, 시급, 알바비 등 직원들이 일한 데 대한 보상으로서 지급하는 금품을 일컫는 다양한 용어들이 있지만, 여기에서는 '임금'으로 통일해서 사용하겠습니다.

"내가 어려워도 직원들에게 해준 게 얼마나 많은데! 어떻게 나한테 이렇게 할 수 있는지 도대체 이해가 가지 않습니다. 배신감에 잠도 잘 못 잡니다."

필자가 사업현장에서 상담하면서 직원들과 노동분쟁이 발생하거나 직원들과 문제가 발생한 사업체의 사업주들에게서 가장 많이 듣는 말입니다. 위의 표현 중 중요한 부분은 '직원들에게 해준 게 얼마나 많은데' 입니다. 사업체 대표로서 직원을 관리할 때는 임금 이외에 다양한 것들을 제공합니다. 점심식사를 제공하거나, 야근 시 저녁식사와 교통비를 제공하기도 하며, 경조사가 있으면 경조사비를 지급하고, 열심히 일하는 직원에게는 다른 직원 몰래 봉투를 전달하기도 합니다. 명절에 떡값, 여름휴가 때 휴가비, 직원들을 격려하기 위해 큰 맘 먹고 좋은 식사나 술을 사기도 합니다.

많은 사업주들이 직원들을 위해 사용한 위와 같은 비용들도 임금과 함께 총인건비로 인식하고 있습니다. 그래서 해준 것이 많다고 생각하는 것입니다. 충분히 그렇게 생각할 수 있습니다. 당연히 직원들도 사업주가 임금 이외에 제공하는 것들을 좋아하고 고마워할 것입니다.

하지만 이처럼 사업주가 직원들에게 다양한 형태로 지급하는 것들을 법적 기준에 따라 판단해보면 서로의 입장에 따라 해석이 달라질 수 있습니다.

> A 대표와 B 대표는 서울에서 동일한 택배사업을 하고 있습니다.
> A 대표는 배달이 밀려 일이 늦게 끝나는 날이면 고생한 직원들을 위해 비싼 음식점에서 식사와 술을 사주고, 가끔 고생한다며 현금도 챙겨주며 즐거운 시간을 함께했습니다.
> 반면에 B 대표는 야근이 있는 날이면 추가근무에 대한 추가수당을 확실히 지급했으며, 야근한 직원들과 가끔 소박한 식사를 했습니다.

위의 사례에서 A 대표와 B 대표는 연장근무에 대해 동일한 비용을 사용했습니다. 하지만 법률적으로는 큰 차이가 있습니다.

먼저 A 대표는 직원들이 즐겁게 일할 수 있도록 임금 이외에 보이지 않는 비용(시간과 돈)을 많이 쓰고 있지만 연장근무수당을 주지 않은 임금체불 사업주가 됩니다. 반면에 B 대표는 연장근무에 대해 합법적으로 보상하고 가끔 밥도 사주는 마음 좋은 사업주가 됩니다.

예를 들어 A 대표에게 감사한 마음을 갖고 열심히 일하던 직원 K 씨가 개인사정으로 이직을 하게 되었다고 가정해보겠습니다. 그런데 그 후에 K 씨가 사정이 점점 더 어려워져서 퇴직하고나서 6개월이 지난 뒤에 A 대표에게 재직 시에 있었던 연장근무에 대한 수당을 요구한다면 어떨까요? 법적으로는 정당한 요구입니다. 하지만 A 대표 입장에서는 이렇게 생각하지 않을까요?

'내가 평소에 당신한테 얼마나 잘해주었는데…'

연장근무수당은 법적으로 반드시 지급해야 합니다. 그 외 술이나 밥, 용돈 등은 법적으로 직원들에게 제공할 의무가 없습니다. A 대표 생각처럼 둘 사이에 소위 '퉁'쳐질 문제가 아닌 것이지요.

사업현장에서 상담을 하다보면 사례의 A 대표처럼 좋은 마음으로만 직원들을 대하다가 곤경에 처하는 선량한 사업주들을 정말 많이 봅니다. 물론 직원들을 선량한 마음으로 관리하는 것도 중요합니다. 하지만 임금관리를 어떻게 하느냐에 따라서 고용노동부에 출석해 곤란을 겪을 수도 있고, 경우에 따라서는 임금체불로 벌금을 부과 받을 수도 있다는 사실에 주의해야 합니다. 임금에 대한 정확한 이해를 바탕으로 합법적인 임금관리를 하는 것이 안정적인 사업운영과 직원관리에 있어서 매우 중요하다는 사실을 반드시 기억해야 합니다.

다음 내용에서는 임금의 법적인 의미와 임금의 종류, 임금관리 시 주의해야 할 사항은 무엇인지에 대해 자세히 살펴보겠습니다.

임금! 도대체 정체가 뭐야?

사업주는 직원에게 일을 맡길 권리가 있으며, 직원은 그에 대한 대가로 약정된 임금을 받을 권리가 있습니다.

사업주에게 지급받는 금품이 임금인지 아닌지 따져야 하는 이유는 사업주의 법적 의무(반대로 직원의 권리)가 모두 '임금을 기준으로 결정'되기 때문입니다. 즉, 연장근무수당, 야간근무수당 등 각종 법정수당의 계산, 퇴직금 계산, 4대 보험료 등이 모두 임금을 기준으로 결정되기 때문에 사업주가 직원에게 제공하는 금품 중에서 무엇이 임금에 해당되는지를 구분하는 것은 중요한 의미가 있습니다.

먼저 근로기준법상 임금의 법적인 정의는 다음과 같습니다.

'임금은 사용자가 근로의 대가로 근로자에게 임금·봉급, 그 밖에 어떠한 명칭으로든지 지급하는 일체의 금품'

즉, 법률상 '사용자가 근로자에게 근로의 대가로 지급'해야 임금으로 인정됩니다. 그럼 구체적인 사례를 통해 어떤 것들이 임금에 해당되는지를 따져보겠습니다.

(1) 경조금

경조금은 사업주에게 지급의무가 없으며, 호의를 갖고 부정기적으로 지급하는 금품에 해당됩니다. 따라서 근로의 대가인 임금으로 인정되지 않습니다. 일부 사업주의 경우 직원에 대한 경조금을 반드시 지급해야 하는 것으로 알고 있는데, 경조금은 법적으로 반드시 지급해야 하는 임금은 아닙니다. 물론 대표로서 또는 사업체 입장에서 도의적으로 직원의 경조사에 경조금을 지급하는 것은 필요하다고 생각됩니다.

다만 사업체 규정으로 경조금의 지급 여부 및 경조금의 지급시기, 지급금액 등을 명시한 경우에는 해당 규정에 따라 경조금을 지급해야 합니다. 물론 이 경우에도 해당 경조금이 임금에 해당되지는 않으므로 법정수당이나 퇴직금 등을 계산할 때 반영할 필요는 없습니다.

(2) 격려금

사업주 차원에서 특정 직원에게 '비공식적'으로 지급하는 격려금, 소위 '봉투'도 임금으로 인정되지 않습니다. 물론 직원이 열심히 일할 수 있도록 동기부여 차원에서 격려금을 지급하는 것은 좋은 일이지만, 격려금을 지급했다고 해서 법적으로 지급해야 하는 수당이나 퇴직금을 지급하지 않아도 되는 것은 결코 아닙니다. 144쪽 사례에서 살펴보았듯이 법적 의무가 있는 임금을 우선 지급하고, 격려금 지급 여부는 상황에 따라 결정하는 것이 합리적이라고 생각됩니다.

(3) 식사제공

직원들의 편의를 위해 식사를 무료로 제공하는 경우 근로의 대가로 보기 어렵기 때문에 임금으로 인정되기 어렵습니다. 이런 경우 복지 차원에서 제공되는 복리후생으로 이해하는 것이 좋습니다. 다만 사업체 규정에 의해 정해진 기준에 따라 지급되는 식비(금전)는 임금에 해당됩니다.

참고로 현물 식사나 식비를 의무적으로 제공해야 하는 것으로 잘못 알고 있는 경우가 있으나, 사업주가 이를 제공해야 할 법적 의무는 없습니다.

(4) 교통비

사업체 내부적으로 정해진 일정 기준에 따라 지급하기로 되어 있는 교통비는 임금에 해당됩니다. 다만 특정 기간 발생하는 야근에 대해 실비변상 차원에서 지원하는 교통비는 임금으로 보지 않으며, 일반적으로 직원이 업무수행에 사용한 실비로 처리하게 됩니다.

(5) 임원의 보수

임원에게 지급되는 보수는 근로기준법상 임금으로 보지 않습니다. 임원은 근로기준법상 근로자가 아니기 때문입니다. 따라서 임원에게는 퇴직금이나 각종 수당, 연차수당 등을 지급할 의무가 없습니다.

다만 무늬만 임원이고 실제로는 직원인 경우가 많아서 임원인지 여부는 신중히 따져보아야 합니다. 특히 소규모 사업체의 경우 임원이라고 불리지만 실제로는 임원이 아닌 경우가 많습니다. 통상적으로 등기임원의 경우 임원으로 인정되는 경우가 많지만, 등기가 되었다고 해서 무조건 임원으로 인정되는 것은 아닙니다. 따라서 실제 임원인지 여부는 여러 가지 정황을 종합적으로 판단하여 따져볼 필요가 있습니다.

(6) 팁

고객이 순수한 마음으로 직원에게 직접 지급하는 봉사의 대가인 팁은 사용자가 지급한 금품이 아니므로 임금으로 보기 어렵습니다.

(7) 상여금과 경영성과급

매달, 분기별, 반기별, 명절 등 특정 시기를 정해서 지급하기로 정해져 있는 상여금은 임금에 해당됩니다.

반면에 사업체의 경영성과에 따라 대표자가 임의로 지급을 결정하는 경영성과급은 사용자의 재량이나 호의에 의해 지급이 결정되는 것으로, 일반적으로 임금으로 보지 않습니다. 다만 경영성과 달성기준에 따라 지급률이 사전에 정해져 있는, 즉 일정 기준에 의해 지급이 결정되는 성과급은 임금에 해당될 수 있습니다.

지금까지 살펴보았듯이 임금인지 아닌지 여부를 결정하는 데 있어서는 '사전에 지급 여부가 결정되어 있는지, 지급기준이 정해져 있는지'가 중요한 요인이 되는 경우가 많습니다. 따라서 대표자가 부정기적·임의적으로 지급하는 금품은 일반적으로 임금으로 인정되지 않는 경우가 많습니다.

🎯 근로기준법상 임금으로 인정되는 것은 무엇일까요?
....

① 식당을 운영하는 C 사장은 5월 가정의 달을 맞아 수고한 K 부장에게 직원들 모르게 격려금을 지급했습니다.
② 주유소를 운영하는 P 사장은 최근 어머님이 돌아가신 J 과장에게 위로금 100만 원을 경조금으로 지급했습니다.
③ 원단을 수입·판매하는 M 사장은 출장 다녀온 L 팀장의 출장비를 정산하여 50만 원을 지급했습니다.
④ 의류업체를 운영하는 S 사장은 직원들에게 식사를 제공하는 대신 매월 식비로 20만 원을 정액으로 지급하고 있습니다.

....

정답은 4번입니다. 매월 고정적인 식비가 일률적으로 지급되고 있으므로 임금에 해당됩니다. 1, 2번은 격려금 및 경조금에 해당되어 임금으로 보기 어렵고, 3번은 출장비를 실비정산해준 것이기 때문에 임금이 아닙니다.

03

임금 지급도 센스 있게

"대표님! 월급은 어떻게 주고 계시나요?"

"정해진 월급 주면 되는 거지, 뭐 더 알아야 할 게 있나요?"

상담현장에서 임금 지급과 관련하여 자주 오고가는 대화입니다. 물론 맞습니다. 직원과 약속한 임금을 약속한 날짜에 정확하게 지급하면 큰 문제가 없습니다. 하지만 사업체상황이나 관행에 따라 사업주들이 잘못 알고 있는 내용들이 있기 때문에, 여기서는 임금을 어떻게 지급하면 문제가 없는지에 대해 살펴보겠습니다.

이와 관련하여 다음 쪽에 있는 법조항을 위반하는 경우 3년 이하의 징역 또는 3,000만 원 이하의 벌금이 부과될 수 있습니다.

근로기준법 제43조(임금 지급)

① 임금은 통화(通貨)로 직접 근로자에게 그 전액을 지급하여야 한다. 다만, 법령 또는 단체협약에 특별한 규정이 있는 경우에는 임금의 일부를 공제하거나 통화 이외의 것으로 지급할 수 있다.

② 임금은 매월 1회 이상 일정한 날짜를 정하여 지급하여야 한다. 다만, 임시로 지급하는 임금, 수당, 그 밖에 이에 준하는 것 또는 대통령령으로 정하는 임금에 대하여는 그러하지 아니하다.

(1) 임금은 물건이 아닌 돈으로 지급해야 합니다

임금은 원칙적으로 통화(즉, 화폐)로 지급해야 합니다. 임금을 통화 대신 현물로 지급하면 직원들이 불이익을 받게 되므로 반드시 통화로 지급하도록 법률로 강제하고 있습니다.

2015년에 모 우유업체에서 직원들에게 월급 대신에 회사의 생산제품을 지급하여 소위 '우유페이'가 사회적 이슈가 된 적이 있습니다. 회사의 적자가 지속되는 상황에서 직원들의 자발적인 신청이 있었다고 해명했지만 많은 사회적 비난을 받았습니다.

최근에는 '동전월급' 사건이 여러 차례 있었습니다. 몇몇 업체에서 직원과의 분쟁을 처리하는 과정에서 홧김에 동전으로 임금을 지급한 사실이 언론에 알려져 사회적인 비난을 받은 사건입니다. 언론에서는 동전으로 월급을 준 사실만을 집중적으로 다루어서 사업주가 많은 비난을 받았지만, 사업주가 '왜' 동전으로 월급을 줄 수밖에 없었는지에 대해서는 관심을 두지 않아 안타까운 마음도 있었습니다.

동전으로 임금을 준다고 해서 불법은 아닙니다. 하지만 법률적으로 문제가 없다는 이유로 직원들에게 임금을 동전으로 지급하면 사회적·도덕적으로 큰 비난을 받게 될 뿐만 아니라, 영업적으로도 악영향을 끼칠 수 있으므로 절대로 그러지 않기를 바랍니다.

만약 직원이 회사에서 생산한 제품을 구매하기를 원하는 경우라도, 번거롭지만 일단 임금 전액을 지급하고 직원이 필요한 만큼 해당 제품을 본인의 사비로 구매하는 방식을 취하는 것이 좋습니다. 아니면 직원의 동의하에 임금에서 공제하되, 급여명세서에 해당 내용을 적어두기 바랍니다.

(2) 일한 직원에게 직접 임금을 주어야 합니다

임금을 지급할 때 직원에게 현금으로 직접 주는 것이 원칙일까요, 아니면 직원 통장으로 지급하는 것이 원칙일까요? 법적 기준으로는 여전히 직원에게 직접 임금을 지급하는 것을 원칙으로 하고 있습니다. 하지만 이러한 직접 지급방식이 번거롭고 불편하기 때문에 예외적으로 통장으로 지급하는 방식을 인정하고 있습니다. 현재는 임금 지급을 증명하거나 지급상의 실수를 줄이는 효율성 측면에서 일반적으로 통장으로 임금을 지급하는 방식을 사용하고 있습니다.

그런데 직접 지급원칙을 따르는 데 있어서 개인사정상 실제 일한 직원의 통장계좌로 임금을 지급하지 못하는 문제가 생길 수 있습니다. 특히 개인 신용문제로 신용불량상태인 직원은 일반적으로 통장거래가 어렵기 때문에 타인 명의, 예를 들면 가족이나 친구 등의 계좌로 임금을 지급받는 경우가 종종 있습니다. 하지만 이 또한 임금을 일한 직원에게 직접 지급하지 않은 경우에 해당되기 때문에 직접 지급원칙을 위반한 상황이 됩니다. 따라서 통장거래를 할 수 없는 직원에게는 차라리 임금을 직접 현금으로 지급하고, 해당 직원에게서 임금을 직접 수령했다는 확인을 서류(확인증이나 수령증 등 본인 서명이 있는 서류)로써 받아두는 것이 더 좋습니다.

참고로 신용불량상태인 직원에 대해 사업체의 비용처리문제로 통장거래를 꼭 해야 한다면 월 185만 원까지는 통장거래를 해도 큰 문제가 없습니다. 민사집행법에 따라 월 185만 원 이하의 임금에 대해서는 압류를 금지하고 있기 때문에 직원과 임금 지급방식을 협의하여 처리하기 바랍니다.

근로자가 임금에 대한 권리를 제3자에게 양도하거나, 대리인에게 지급해달라고 요청하는 경우에도 임금은 본인에게 지급해야 합니다. 또한 미성년자의 경우에도 임금을 반드시 부모나 제3자가 아닌 미성년자 본인에게 지급해야 합니다.

결론적으로 임금은 실제 일하고 있는 직원에게 직접 지급하거나 직원이 지정한 본인 명의 통장으로 지급해야 합니다. 또한 직원에게 직접 지급하는 경우에는 반드시 직원에게서 해당 임금을 수령했다는 수령확인을 받아두기 바랍니다.

(3) 임금 전액을 주어야 합니다

직원에게 지급하기로 정한 임금은 반드시 그 전액을 지급해야 합니다.

▌직원에게서 업무실수에 대해 손해배상을 받기로 약속한 사례 ▌

제조업체의 자재창고에서 일하는 C 씨는 업무 중 자주 개인적인 통화를 했습니다. 그러다보니 업무에 집중하지 못해 업무실수로 인한 자재손실이 자주 발생하여 회사로부터 수차례 지적을 받았습니다. 이에 C 씨는 또다시 실수하는 경우 이로 인해 발생한 손해를 배상하기로 회사 측과 약속했습니다. 이런 경우 만약 C 씨가 또다시 실수를 해서 회사에 손해배상을 해야 하는 상황이 발생한다면 어떻게 처리해야 할까요?

위 사례와 같은 상황이 발생하는 경우 일반적으로는 임금에서 차감하는 방식(기존 임금에서 손해배상액을 제하는 방법)을 사용합니다. 하지만 이런 방식은 위에서 설명한 '전액불원칙(임금은 전액 지급해야 한다는 원칙)'에 위반될 수 있습니다. 임금은 특별한 경우를 제외하고는 다른 채권과 상계할 수 없기 때문입니다.

따라서 위 사례와 같은 경우 우선 해당 직원에게 임금 전액을 지급한 후에 손해배상액을 회사에 지급하도록 해야 합니다. 만약 직원이 이를 거부하면 민사소송을 통해 손해배상을 받아야 합니다.

만약 부득이한 사정으로 임금을 상계해야 하는 경우에는 직원의 자유로운 선택으로 임금상계를 결정해야 하며, 서면(임금상계 동의서 등)(234쪽 서식 참조)으로써 확인을 받아둘 필요가 있습니다.

비슷한 사례로 직원이 퇴직할 때 퇴직금과 해당 직원이 사업주에게 끼친 손해배상액을 상계하는 경우가 있습니다. 하지만 이런 경우 역시 일방적인 퇴직금 상계처리는 금지되어 있다는 사실에 주의해야 합니다.

다만 가불금의 경우 근로자의 요청으로 미래 지급할 임금을 선지급한 경우에 해당되기 때문에 임금 지급일에 전체 임금에서 해당 가불금을 상계하여 지급하더라도 전액불원칙 위반이 적용되지 않습니다.

(4) 매월 1회 이상 임금을 지급해야 합니다

임금은 매월 1회 이상 정해진 날에 지급해야 합니다(정기불원칙). 사업 현장에서 상담을 하다보면 임금 지급일이 유동적인 사업장이 있는데, 정해진 월급날을 넘겨 지급하면 정기불원칙 위반이 될 수 있으므로 최소한 한 달에 한 번은 정해진 날에 임금을 지급해야 합니다.

이와 관련하여 월급날을 하루 이틀 넘겨서 임금을 지급하는 것을 대수롭지 않게 생각하는 사업주들이 많습니다. 하지만 대부분의 직장인들이 카드결제일 등을 월급날에 맞춰 생활한다는 점을 감안하여 정해진 임금 지급일을 지킬 필요가 있습니다. 무엇보다 정해진 임금 지급일을 넘겨 임금을 지급하면 정기불원칙 위반에 해당되어 법적 처벌을 받을 수 있다는 사실에 유의해야 합니다.

한편, 임금 지급과 관련하여 신입직원이 월 중에 중도 입사하는 경우에 주의해야 할 사항이 있습니다. 이런 경우 해당 신입직원이 입사한 날로부터 임금 지급일까지가 30일이 넘는다면 일단 일할계산하여 입사 당월 임금 지급일에 임금을 지급해야 합니다. 예를 들어 신입직원의 입사일이 3월 15일이고 임금 지급일이 3월 25일인데 3월에 임금을 지급하지 않고 그다음 달 임금 지급일인 4월 25일에 임금을 한꺼번에 지급하면, 해당 신입직원이 임금을 받기까지 40일이 지나 한 달(30일)을 넘어가기 때문에 정기불원칙 위반문제가 발생합니다. 따라서 이런 경우 일단 3월 25일에 일할계산하여 임금(3월 15일부터 3월 25일까지의 임금)을 지급하고, 다음 임금부터 임금 지급일에 정상적으로 지급하면 됩니다.

(5) 급여(임금)명세서를 교부해야 합니다.

2021년 11월 19일부터 급여(임금)명세서 교부가 의무화되었습니다. 위반 시에는 500만 원 이하의 과태료가 부과됩니다.

관련 법조항

근로기준법 제48조(임금대장 및 임금명세서)
② 사용자는 임금을 지급하는 때에는 근로자에게 임금의 구성항목·계산방법, 제43조제1항 단서에 따라 임금의 일부를 공제한 경우의 내역 등 대통령령으로 정하는 사항을 적은 임금명세서를 서면(「전자문서 및 전자거래 기본법」 제2조 제1호에 따른 전자문서를 포함한다)으로 교부하여야 한다.

급여(임금)명세서에 포함해야 하는 구체적 항목도 법에서 규정(근로기준법시행령 제27조의2)하고 있으므로 급여명세서를 작성할 때는 해당 항목이 누락되지 않도록 주의해야 합니다(235쪽 서식 참조).

급여명세서 필수 기재사항

1. 성명, 생년월일, 사원번호 등 근로자를 특정할 수 있는 정보
2. 임금지급일
3. 임금총액
4. 임금의 구성항목별 금액
5. 임금의 구성항목별 계산방법
6. 공제항목별 금액과 총액 등 공제내역

개인사업자 및 소규모 사업장에서는 급여명세서를 교부하지 않는 경우가 여전히 많이 있고, 교부하더라도 필수 기재사항이 누락되는 경우가 많이 있는 것이 현실입니다. 이런 현실을 고려하여 기존 급여명세서 항목을 점검하여 필수항목 누락 없이 매월 직원별로 교부해야 하며, 필요한 경우 고용노동부에서 제공하는 임금명세서 작성 프로그램(홈페이지 및 모바일 작성)을 활용하면 좋겠습니다.

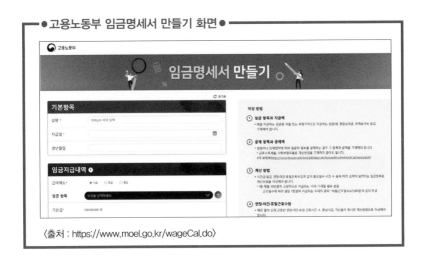

●고용노동부 임금명세서 만들기 화면●

〈출처 : https://www.moel.go.kr/wageCal.do〉

(6) 임금 지급일 효율적으로 결정하기

임금 지급일(월급날)을 효과적으로 정하는 방법은 없을까요? 일반적으로 임금 지급일은 과거부터 이어져온 업종별 관행에 따라 특별한 생각 없이 정하는 경우가 많습니다. 하지만 다음 사례들과 같은 문제가 있는 경우 사업장환경에 맞춰 합리적으로 임금 지급일을 개선해볼 필요가 있습니다.

■ 매일이 월급날인 식당 사례

배달로 유명한 Y식당은 직원이 30명입니다. 이 식당에서는 각 직원의 급여를 입사한 날을 기준으로 지급하고 있습니다. 그러다보니 임금 지급일이 제각각이어서 거의 매일 한 명씩 월급을 챙겨주어야 했고, 식당 관리자는 각 직원에게 제날짜에 맞춰 임금을 챙겨주기가 힘들다고 하소연했습니다. 특히 Y식당의 직원들은 가불도 많고 결근도 많이 해서 그런 사항들을 일일이 챙기다 보면 임금 지급일을 넘기거나 임금을 잘못 계산해서 지급하는 경우도 종종 발생해 직원들도 불만이 쌓여있습니다.

Y식당의 사업주는 필자와 함께 개선방법을 고민하다가 임금 지급일을 매달 10, 20, 30일로 정하고 직원들의 동의를 얻어 각자가 해당 날짜 중 하나를 임금 지급일로 정하는 방식으로 바꾸기로 했습니다. 이후 Y식당에서는 임금을 잘못 계산하거나 임금 지급일을 넘겨 지급하는 실수가 거의 없어졌고, 직원들의 불만도 줄일 수 있었습니다.

또 다른 사례로 직원들에게 임금을 선지급하는 식당이 있었습니다. 통상적으로 5~10일을 선지급하는 경우는 간혹 있지만, 이 식당에서는 직원이 새로 들어오면 바로 한 달 급여를 선지급하고 있었습니다. 이러다보니 직원이 중도퇴사하면 오히려 임금을 직원으로부터 돌려받아야 하는 상황이 자주 생겼습니다. 해당 식당의 대표는 필자와의 상담을 통해 이후 입사하는 신입직원부터는 후불제로 임금을 지급하는 방식으로 변경했습니다.

■ 임금계산이 복잡한 제조업 사례

K제조업체에서는 작업물량에 따라 매월 잔업이 유동적으로 발생하고 있습니다. 그런데 임금 지급일이 말일로 고정되어 있다 보니 매월 말일이면 그달에 발생한 잔업수당을 반영하느라 힘들 뿐만 아니라 임금계산이 잘못되는 경우도 많았습니다. 그러다보니 이렇게 잘못 계산된 임금을 정산하여 그다음 달에 추가로 지급하는 답답한 상황이 계속 반복되었습니다.

필자와 상담한 K제조업체 대표는 직원들과의 협의를 통해 임금 지급일을 다음달(익월) 5일로 변경하여 전달에 발생한 잔업수당을 정확히 반영할 여유를 갖게 됨으로써 임금계산 실수를 줄일 수 있었습니다.

상담현장에서 사업주들에게 임금 지급일을 '왜' 그렇게 정했는지 물어보면 대부분 '그냥 그렇게 해왔다'라고 대답하곤 합니다. 하지만 임금 지급일은 직원들과 협의하여 정하거나 변경할 수 있으므로 사업장 운영을 위해 개선할 점이 있는지 점검해보고 변경할 필요가 있으면 직원들과 협의하여 변경하는 것이 좋습니다.

다만 임금산정기간(매월 1일부터 말일)과 임금 지급일(예를 들면 다음달 5일) 사이가 너무 긴 경우에는 문제가 될 수 있으므로 주의해야 합니다. 가급적 임금산정기간과 실제 지급일 차이가 10일을 넘지 않도록 정하는 방식을 추천합니다.

임금은 사전에 정해진 금액을 정해진 날짜에 지급하기만 하면 아무런 문제가 없습니다. 하지만 앞의 사례들을 포함하여 다음 사례들처럼 실제 사업현장에서 임금 지급과 관련하여 원칙을 벗어나는 경우가 생각보다 많아서 자세히 살펴보았습니다.

- 경기가 좋지 않아 임금의 일부를 현물(자사 생산제품 등)로 지급하는 경우
- 직원의 동의 없이 임금을 상계하는 경우
- 회사사정이 어려워 직원의 사전 동의 없이 임금을 일부만 지급하는 경우
- 임금계산 착오로 인해 수당이 지급되지 않은 경우
- 급여담당자의 해외출장 등으로 인해 월급날을 지나서 지급하는 경우

이외에도 조금만 신경 쓰지 않으면 임금 지급과 관련한 법을 위반하게 되는 경우가 있을 수 있으므로 임금관리에 주의할 필요가 있습니다. 임금 지급과 관련하여 위반사항이 발생하면 임금체불로 간주되어 3년 이하의 징역 또는 3천만 원 이하의 벌금이 부과될 수 있습니다.

마지막으로 직원들 입장에서 임금은 생계와 직접적으로 연결된 중요하고도 거의 유일한 수단임을 고려하여 사업환경이 어렵더라도 임금 전체가 정해진 날에 꼭 지급될 수 있도록 노력해야겠습니다.

필자가 사업현장에서 만난 많은 사업주들이 '월급 한 번 밀린 적 없다'는 사실을 큰 자부심으로 생각하고 있었습니다. 어려운 경영환경을 감안한다면 충분히 박수 받을 일이라 생각하며, 앞으로도 그 마음을 지켜나가기를 진심으로 바랍니다.

04 임금구성은 심플하고 효과적으로

일반적으로 사업을 할 때는 직원을 채용하면서 임금을 결정하게 됩니다. 연봉으로 정하거나, 월급, 일급, 시급 등 사업장 상황이나 업무특성에 따라 적절한 임금형태를 정합니다. 이렇게 임금이 정해지면 해당 임금을 기본급과 각종 수당으로 구성하는데, 여기에서는 효과적인 임금구성방법에 대해 알아보겠습니다.

(1) 임금구성은 심플하게 : 기본급과 고정수당 통합하기

다음 쪽에 있는 급여명세서 A, B 중 법에 맞는 구성은 무엇일까요? 정답은 '양쪽 모두 법적으로 문제가 없다'입니다. 노동법에서 임금을 어떻게 구성해야 한다고 정해놓은 규정이 없기 때문입니다. 따라서 임금을 구성할 때는 어떤 방식이 효과적일지만 결정하면 됩니다.

급여명세서 A와 B를 비교해보았을 때 어떤 느낌이 드나요? 임금 총액

〈A〉		〈B〉	
임금항목	금액	임금항목	금액
기본급	2,300,000	기본급	1,500,000
식대	200,000	상여금	300,000
차량유지비	200,000	직책수당	200,000
육아수당	100,000	자격수당	150,000
		직무수당	150,000
		업무수당	100,000
		식대	200,000
		차량유지비	200,000
합계	2,800,000	합계	2,800,000
공제내역	이하 생략	공제내역	이하 생략

은 같은데 한쪽은 단순하고 다른 쪽은 복잡한 느낌이 듭니다. 상황에 따라 다를 수는 있지만, 둘 중에 하나를 골라야 한다면 'A'가 더 깔끔해 보입니다.

과거에는 기본급을 낮추는 방식이 임금관리 측면에서 효율적이라고 생각했습니다. 그렇게 생각한 가장 큰 이유는 기본급을 기준으로 연장근무수당을 계산하고, 상여금을 정했기 때문입니다. 하지만 최근 통상임금 관련 판례를 통해 통상임금범위가 늘어나면서 기본급을 낮추는 방식이 큰 의미가 없어졌습니다. 기본급 이외에 매월 지급되는 고정적 수당들도 특별한 경우를 제외하면 기본급과 함께 통상임금으로 인정되는 경우가 많기 때문입니다.

그런데도 소규모 제조업체의 임금체계를 살펴보면 여전히 과거 관행에 따라 복잡한 임금체계를 갖고 있는 경우가 많습니다. 하지만 과거처럼 기본급만을 기준으로 연장근무수당을 계산하면 연장근무수당이 잘못 계산되어 임금체불문제가 발생(법적 기준보다 적게 지급되는 상황)하게 되므로, 매달 고정적으로 지급되는 수당에 특별한 의미가 없다면 가급적 기본급과 함께 통합할 필요가 있습니다.

그렇지 않고 기존의 수당체계를 유지하더라도 고정적, 정기적, 일률적 성격으로 지급되는 수당이라면 해당 수당금액과 기본급을 합산한 금액을 기준으로 연장근무수당 등의 법정수당을 산출해야 합니다.

최근 최저임금이 빠르게 상승하고, 변화하는 노동환경으로 인해 사업체의 인건비 부담이 증가하고 있습니다. 이러한 환경에서는 복잡한 수당체계를 단순화하는 방법이 사업운영에 도움이 될 수 있습니다. 이와 관련한 자세한 사항은 최저임금에 대해 설명할 때(184쪽 참조) 좀 더 자세히 살펴보겠습니다.

(2) 비과세수당 활용하기 : 임금 총액에서 비과세수당 분리하기

앞에서는 각종 고정수당을 기본급에 통합하는 방식에 대해 살펴보았습니다. 이번에는 반대로 임금 총액에서 분리하면 좋은 비과세수당에 대해 알아보겠습니다.

사업체 입장에서 임금은 비용이지만, 직원 입장에서는 소득, 즉 근로소득에 해당됩니다. 세법에서는 근로소득 중 일정한 조건을 갖춘 항목

에 대해서 비과세를 인정하고 있습니다.

직원 입장에서 근로소득에 대한 비과세를 인정받으면 해당 금액만큼 세금을 공제 받을 수 있습니다. 또 4대 보험료 산정 시에도 기준금액에서 제외되기 때문에 4대 보험료가 적게 부과됩니다. 사례의 경우 월 임금 총액이 280만 원이지만 그중에 40만 원의 비과세수당(식대 및 차량유지비 각 20만 원 적용)이 포함되어 있다면 소득세와 4대 보험료는 240만 원을 기준으로 부과된다는 의미입니다.

사업체 입장에서도 직원 4대 보험료의 50% 이상을 부담해야 하므로, 직원이 임금의 일부를 비과세수당으로 인정받으면 4대 보험료를 절약할 수 있습니다. 특히 소규모 사업체의 경우 임금 못지않게 4대 보험료 사업주 부담금에 대한 부담이 크므로 비과세수당을 적극적으로 활용하여 4대 보험료를 절감할 필요가 있습니다.

적용 가능한 주요 비과세수당으로는 다음과 같이 식대, 자가운전보조금, 보육수당, 연구수당이 있습니다.

① 식대

식사를 제공받지 않는 근로자가 식대로 지급받는 금액 중 '월 20만 원'까지(2023년 1월부터 변경 적용) 비과세됩니다. 다만 사내 식당에서 식사를 제공받거나, 별도로 외부 식당에서 식사를 제공하는 경우에는 비과세요건에 해당되지 않습니다. 또한 식대를 25만 원을 지급하더라도 20만 원까지만 비과세가 인정되므로 급여에서 식대를 20만 원 이상 지급할 필요는 없습니다.

② 자가운전보조금(차량유지비 등)

직원이 본인 소유의 차량을 직접 운전하여 회사의 업무수행에 이용하고, 실제 여비를 지급 받는 대신에 차량의 소요경비로 받는 금액 중 '월 20만 원'까지 비과세됩니다. 다만 직원 명의로 등록된 차량(부부공동 명의 차량은 인정)만 해당됩니다.

③ 보육수당

사용자로부터 받는 급여 중 6세 이하 자녀의 보육과 관련하여 받는 수당은 '월 20만 원(2024년 1월부터 적용)'까지 비과세됩니다. 다만 자녀가 많아도 20만 원까지만 인정되며, 맞벌이의 경우 부부가 각각 적용받을 수 있습니다.

④ 연구보조비 또는 연구활동비

중소기업 또는 벤처기업의 기업부설연구소와 연구개발전담부서에서 연구활동에 직접 종사하는 직원에게 지급하는 연구보조비 또는 연구활동비 명목의 금액은 '월 20만 원'까지 비과세됩니다.

위에서 언급한 수당들의 명칭이 반드시 일치할 필요는 없지만, 비과세를 인정받기 위해서는 각 수당별로 정해진 요건을 충족해야 합니다. 일부 업체에서 비과세를 많이 인정받기 위해 요건이 맞지 않는데도 자가운전보조금을 전 직원에게 무조건 지급하거나, 사내 식당을 운영하면서도 식대를 직원에게 지급하다가 세무당국에 적발되어 세금을 추징당하는 사례가 있으므로 주의가 필요합니다.

또한 최근에는 4대 보험 관리기관에서 비과세요건을 남용한 사례를 조사하여 3년(국가기관에서 통상적으로 소급적용하는 추징기간) 동안 징수하지 못한 보험료를 한꺼번에 부과하는 사례가 많이 발생하고 있으므로 관리상 주의가 필요합니다.

반대로 비과세요건에 해당되는 직원이 많음에도 불구하고 내용을 잘 몰라서 비과세혜택을 받지 못하는 사업체도 많습니다. 특히 소규모 사업체의 경우 이런 안타까운 사례가 많이 발생하므로 담당 세무사나 노무사의 도움을 받아 비과세수당 적용 여부를 점검해보기를 바랍니다.

필자가 임금설계과정에서 사업주들에게 비과세수당에 대해 설명하면, 그동안 몰랐던 사실을 알게 된 데 대해 기뻐하는 동시에 과거 비과세 적용을 받지 못한 데 대해 아쉬워하는 경우(실제로는 '분노'하는 경우)가 많습니다.

특히 소규모 사업체에서는 일반적으로 임금관리를 노무사보다는 세무사에게 위탁하는 경우가 많은데, 이런 경우 세무사들이 비과세수당을 알아서 관리해주지 않는 데 대해 불만을 표시하는 사례가 많습니다. 하지만 세무사 입장에서는 임금관리가 세무관리에 따른 부수적인 업무에 해당되기 때문에 적극적으로 개입하기보다는 사업체에서 전달하는 임금정보를 단순히 처리해주는 수준에 머무는 경우가 많습니다.

따라서 세무사를 통해 임금관리를 하는 경우 담당 세무사에게 적극적으로 비과세수당 적용 여부를 검토해달라고 요구할 필요가 있으며, 기회가 된다면 임금관리전문가인 노무사의 도움을 받는 방법을 고려해볼 수도 있습니다.

05 나도 할 수 있다! 법정수당 계산!

"직원이 2시간 더 일했는데 얼마를 더 지급해야 하나요?"

"새벽근무가 많은데 별도로 수당을 챙겨줘야 하나요?"

"일요일에 근무했는데 하루치 일당만 주면 되나요?"

"우리 같은 식당에서도 직원들한테 연차수당을 줘야 한다고요?"

"알바한테 주휴수당을 줘야 한다는데 어떻게 계산하는 건가요?"

정해진 임금 이외에 지급해야 하는 각종 법정수당과 관련하여 사업주들이 많이 궁금해 하는 내용들입니다. 법정수당은 법에서 정한 기준에 따라 정확히 처리할 필요가 있습니다. 또한 수당지급 문제는 직원들의 근무조건에 많은 영향을 미치기 때문에 정확한 관리가 필요합니다. 수당이 미지급되거나 법적 기준보다 적게 지급되면 법적 분쟁으로 이어지는 경우가 많습니다.

법정수당 문제는 실무상 많이 활용되는 임금제인 연봉제, 포괄산정임금제의 유효성과 직접 연관되어 있으며, 최저임금 위반 여부를 판단하는 데 있어서도 중요한 기준이 됩니다. 따라서 합법적 임금관리를 위해서는 법정수당에 대한 정확한 이해가 중요합니다.

법정수당이란 지급요건을 갖추면 반드시 지급하도록 법률로 정한 수당을 말합니다. 근무조건에 따라 다양한 법정수당이 있지만, 여기서는 실무상 중요한 연장근무수당, 야간근무수당, 휴일근무수당, 연차수당, 주휴수당을 중점적으로 살펴보겠습니다.

(1) 법정수당은 통상임금(시급)을 기준으로 계산합니다

법정수당은 해당 직원의 통상임금을 기준으로 계산합니다. 따라서 법정수당을 계산하려면 통상임금의 개념부터 살펴보아야 합니다.

통상임금은 '직원들에게 정기적·일률적으로 지급하기로 정한 고정적 임금'을 말합니다. 즉, 기본급, 식대, 직책수당, 직무수당 등 임금항목의 명칭과 상관없이 고정적으로 지급되는 임금은 모두 통상임금에 해당됩니다.

① 아르바이트직원(시급제 또는 일급제)의 통상임금 및 연장근무수당 계산방법

문구점(직원 7명)에서 아르바이트를 하는 T 씨는 일급 10만 5천 원을 받고 있습니다. 근무시간은 오전 10시부터 저녁 6시까지이고, 휴식시간은 2시부터 3시까지 1시간입니다. T 씨의 시급은 얼마일까요?

T 씨의 근무시간은 총체류시간인 8시간 중 휴식시간 1시간을 제외한 7시간입니다. 시급은 일급을 근무시간으로 나누어서 계산하므로 T 씨의 시급은 다음과 같습니다.

- 105,000원(일급)÷7시간(근무시간)=15,000원

만일 T 씨가 업무가 많아서 퇴근시간 이후인 8시까지 2시간의 추가 근무를 했다면, 해당 시간외근무에 대해서는 다음과 같이 시급의 50%를 가산한 금액을 추가로 지급해야 합니다.

- 가산수당 : 15,000원×2시간×50%=15,000원

따라서 2시간의 추가근무에 대해 T 씨에게 지급해야 하는 추가임금 (연장근무수당)은 다음과 같습니다.

- 연장근무수당 : (15,000원×2시간)(기본임금)+15,000원(가산수당)=45,000원

② 정규직원(월급제 또는 연봉제)의 통상임금 계산방법

무역회사에서 일하는 R 씨는 연봉 3천만 원을 받고 있습니다. 주 5일 근무이고, 근무시간은 오전 9시부터 오후 6시까지이며, 휴식시간은 오후 12시부터 1시까지 1시간입니다. R 씨의 통상임금(시급)은 얼마일까요?

R 씨의 연봉이 3,000만 원이므로 월 급여는 250만 원(3,000만 원÷12개월)입니다.

R 씨의 통상임금을 계산하려면 월 급여를 월 총근무시간으로 나누어야 합니다. 그렇다면 R 씨의 월 총근무시간은 어떻게 계산할까요?

우선 하루에 8시간씩 근무하기 때문에 1주일의 근무시간은 40시간(8시간×5일)입니다. 월 총근무시간을 산출하려면 한 달 평균 '주' 수를 계산해야 하는데, 이때는 다음과 같이 '평균'개념을 사용합니다.

365일÷12개월÷7일＝4.34523··· → 4.35주 또는 4.345주 사용

위의 계산에 따라 한 달의 평균 주 수를 4.35주로 계산하면 다음과 같이 기본근무시간이 산출됩니다.

• 4.35주×40시간(1주 근무시간)＝174시간

여기에 유급주휴시간을 추가해야 합니다. 근로기준법상 일주일의 하루는 유급휴일로 부여해야 하므로 다음과 같이 통상임금 계산 시 이를 합산(1주 8시간) 반영합니다.

[(40시간(기본근무시간)＋8시간(유급주휴시간)]×4.35주＝약 209시간

이와 같이 토요일을 유급휴일로 설정하는 등의 특별한 경우를 제외하

고 정규직원의 일반적인 월 통상임금 산정 기준시간은 실무상 '209시간'을 적용하고 있습니다.

따라서 위 사례에서 R 씨의 통상임금(시급)은 다음과 같이 계산됩니다.

- 250만 원(월 급여) ÷ 209시간(월 총근무시간) = 11,962원

(2) 시간외근무수당 계산하기 : 연장 · 야간 · 휴일근무수당

이번에는 위에서 설명한 통상임금 개념을 활용하여 시간외근무수당을 계산해보겠습니다.

■ 불규칙한 시간외근무가 많은 인터넷 쇼핑몰 사례

H 대표는 직원 6명과 함께 인터넷 쇼핑몰을 운영하고 있습니다. 근무특성상 불규칙한 야근과 휴일근무가 발생하고 있는데, H 대표는 임금계산을 어떻게 해야 할지 몰라 고민이 됩니다.

직원들의 근무형태는 월요일부터 금요일까지 오전 10시에 출근해서 오후 7시까지 근무하고, 점심시간은 오후 1시부터 2시까지로 정해져 있으며, 토요일과 일요일은 휴무입니다. 임금은 월급제로 지급하며, 별도의 수당은 정해져 있지 않습니다.

① A 팀장(월 급여 300만 원)은 입찰준비를 위해 야근을 하고 밤 12시에 퇴근했습니다. A 팀장이 중간에 30분간 저녁식사(오후 8

시부터 8시 30분까지)를 했을 경우 시간외근무수당은 얼마를 지급해야 할까요?

위 쇼핑몰의 기본 월 총근무시간은 209시간이므로 A 팀장의 통상임금(시급)은 14,354원(300만 원÷209시간)입니다.

A 팀장의 전체 시간외근무시간은 오후 7시부터 밤 12시까지로 총 5시간이며, 중간에 30분간 식사시간을 휴식시간으로 제외하면 실제 연장근무시간은 4.5시간이 됩니다. 따라서 시간외근무수당은 다음과 같이 계산됩니다.

• 가산수당 : 14,354원×4.5시간×50%=32,297원

따라서 A 팀장의 연장근무수당은 다음과 같습니다.

• 연장근무수당 : (14,354원×4.5시간)(기본임금)+32,297원(가산수당)=96,890원

실무적으로는 다음과 같이 간단히 계산할 수 있습니다.

• 14,354원(통상임금)×4.5시간(연장근무시간)×150%(가산수당)=96,890원

그런데 이 사례에서는 연장근무 이외에 야간근무가 포함되어 있기 때문에 추가로 야간근무수당을 지급해야 한다는 점에 주의해야 합니다. 야간근무시간은 오후 10시부터 다음날 오전 6시까지이므로, A 팀장의

경우 오후 10시부터 오전 12시까지 2시간이 야간근무에 해당됩니다. 따라서 해당 근무시간에 대해서는 다음과 같이 연장근무수당 이외에 50%의 야간근무수당을 추가로 지급해야 합니다.

- 14,354원(통상임금)×2시간(야간근무시간)×50%(가산수당)=14,354원

따라서 A 팀장에게 지급해야 할 총시간외근무수당은 다음과 같습니다.

- 96,890원(연장근무수당)+14,354원(야간근무수당)=111,244원

② **B 대리(월 급여 250만 원)는 재고정리를 위해 일요일 오전 10시에 출근해서 오후 5시에 퇴근했습니다. 중간에 점심식사시간 1시간이 있었다면 B 대리에게 시간외근무수당을 얼마나 지급해야 할까요?**

B 대리의 통상임금을 계산해보면 11,962원(250만 원÷209시간)이 됩니다. 일요일 근무는 휴일근무에 해당되므로 B 대리의 전체 휴일근무시간은 오전 10시부터 오후 5시까지 7시간이며, 이 중 점심식사시간 1시간을 제외한 실제 시간외근무시간은 6시간입니다. 따라서 B 대리의 휴일근무수당은 다음과 같이 계산됩니다.

- 11,962원(통상임금)×6시간(휴일근무시간)×150%(가산수당)=107,658원

만약 B 대리가 해당 근무를 일요일이 아닌 토요일에 했다면 수당계산 방법은 동일하지만, 해당 수당은 휴일근무수당이 아닌 연장근무수당으로 봅니다. 특별한 규정이 없으면 토요일은 휴일이 아닌 무급휴무일로 보기 때문입니다. 금액이 동일하기 때문에 큰 의미가 없어 보일 수 있지만, 특별한 규정이 없다면 토요근무는 휴일근무가 아닌 연장근무로 본다는 사실을 알아둘 필요가 있습니다.

③ 사례의 쇼핑몰에서는 상대적으로 임금이 적은 C 사원이 주말(토요일 또는 일요일)에 근무하면 정액 7만 원을 지급하고 있습니다. C 사원(월 급여 210만 원)이 토요일 오전 10시에 출근해서 오후 4시까지 근무하고 중간에 점심식사시간 1시간이 있었다고 가정했을 때, 정액 7만 원만 지급해도 문제가 없는 것일까요?

C 사원의 통상임금은 10,048원(210만 원÷209시간)입니다. C 사원의 토요일 근무시간은 식사시간을 제외하고 5시간입니다. 토요일 근무는 휴일근무가 아닌 연장근무에 해당되므로 C 사원의 연장근무수당은 다음과 같이 계산됩니다.

- 10,048원(통상임금) × 5시간(연장근무시간) × 150%(가산수당)=75,360원

이와 같이 현재 C 사원이 토요일 근무에 대해 정액 7만 원을 지급받고 있어서 법적 기준보다 5,360원을 적게 받는 상태이므로 추가임금을 지급할 필요가 있습니다.

한편, 실제로 사례의 인터넷 쇼핑몰처럼 고정적인 연장근무가 발생하는 사업체에서는 연장근무가 발생할 때마다 수당을 지급하는 방식보다는, 근로계약을 하면서 임금을 결정할 때 연장근무수당을 반영하여 미리 지급하는 방식을 사용하는 경우가 많습니다. 해당 내용에 대해서는 포괄산정임금계약에 대해 설명할 때(199쪽 참조) 좀 더 자세히 살펴보겠습니다.

(3) 연차수당 계산하기

근로기준법에서는 직원의 근속기간에 따라 연차휴가가 발생하도록 규정하고 있습니다(124쪽 참조). 사업체에서는 각 개인별로 발생한 연차휴가를 휴가사용기간 동안 사용하게 하고, 해당 기간 동안 사용하지 못한 연차휴가가 있다면 해당 휴가일수만큼 금전으로 보상해야 합니다.

예를 들어 직원이 만 1년을 근무했다면 다음해 1년 동안 연차휴가 15일을 사용하게 하고, 만약 사용하지 못한 연차휴가가 있다면 해당 휴가일수만큼 금전으로 보상해야 하는데, 이를 '연차유급휴가 미사용수당(통상 '연차수당'이라고 함)'이라고 합니다.

연차수당은 보통 통상임금으로 계산하며 계산식은 다음과 같습니다.

> 연차수당＝일급(통상임금÷209시간×8시간)×연차휴가 미사용일수

제조업체에서 근무하는 P 대리는 월 급여가 250만 원이며, 연차휴가 15일 중 10일을 사용했습니다. P 대리의 연차휴가 미사용일수 5일에 대한 연차수당은 얼마일까요?

P 대리의 통상임금(시급)은 11,962원(250만 원÷209시간)이고, 일급은 95,696원(11,962원×8시간)입니다. 따라서 P 대리가 사용하지 않은 연차휴가 5일에 대한 연차수당은 다음과 같습니다.

• 95,696원(일급)×5일(연차휴가 미사용일수)=478,480원

연차수당 계산을 위해 일급을 산출할 때 월 총급여를 30일로 나누어 계산하는 경우가 많은데, 이는 법정계산방식이 아닙니다. 위 사례에 이 방식을 적용하면 일급이 83,333원(250만 원÷30일)으로 계산되어 법정일급보다 적게 계산됩니다. 이런 식으로 일급을 잘못 산정하여 법정기준보다 연차수당이 적게 지급되지 않도록 주의해야 합니다.

(4) 주휴수당 계산하기

근로기준법에서는 직원이 1주 동안 소정근로일을 개근하는 경우 1일의 유급휴일을 주도록 규정하고 있습니다. 월급제나 연봉제로 계약하는 직원의 경우 급여책정 시 주휴수당을 포함하기 때문에 실무상 문제되는 경우가 거의 없습니다(통상임금 계산 시 기본근무시간을 209시간으로 산정하는 방

식(173쪽 참조)이 주휴수당을 포함하는 계산법입니다).

실무상으로는 주로 다음 사례와 같은 아르바이트직원의 주휴수당에 대한 문제가 발생합니다.

> 곱창가게를 운영하는 J 사장은 아르바이트직원 5명을 고용하고 있습니다. 아르바이트직원의 시급은 12,000원으로 책정하고 있고, 임금은 주급으로 지급하고 있습니다.
> 아르바이트직원 M 씨는 주 5일, 하루 8시간을 근무하고 있습니다. J 사장은 M 씨에게 주급으로 48만 원(12,000원×8시간×5일)을 지급하고 있는데, 문제가 없는 것일까요?

아르바이트직원을 고용한 많은 사업주들이 위와 같은 방식으로 임금을 계산해서 지급하고 있을 것입니다. 하지만 이런 경우 주휴수당을 미지급하는 상황이 되어서 결국 임금체불문제로 이어지게 됩니다.

사례에서 M 직원은 일주일 중 5일을 일하고 2일을 쉬는데, 2일 중 하루는 유급으로 휴일을 부여해야 합니다. 즉, 이 사례처럼 일주일에 15시간 이상 일하는 아르바이트직원이 1주 동안 소정근로일을 개근하면 1일의 주휴일이 발생하기 때문에 해당 주휴일에 대한 주휴수당을 지급해야 합니다. 따라서 J 사장은 M 직원에게 하루치 임금 96,000원(12,000원×8시간)을 주휴수당으로 지급해야 합니다. 결과적으로 현재는 M 직원에게 1주에 96,000원의 주휴수당을 미지급하고 있는 상황입니다.

이와 관련하여 주휴수당 계산법은 다음과 같이 구분할 수 있습니다.

① 1주 근무시간이 주 40시간 미만인 경우

> 주휴수당=(1주간 총근무시간÷40시간)×8시간×시급

예를 들어 시급 12,000원을 받고 하루 6시간씩 총 5일을 일하는 아르바이트직원의 주휴수당은 다음과 같습니다.

- (6시간×5일÷40시간)×8시간×12,000원=72,000원

위와 같이 일반적으로 아르바이트직원의 주휴수당은 하루 일당(시급×근무시간)과 일치하는 경우가 많습니다.

주휴수당은 4주 동안(4주 미만인 경우 그 기간)을 평균하여 1주 동안의 소정근무시간이 15시간 이상인 경우에 발생합니다. 예를 들어 아르바이트 직원이 4주 동안 매주 5일간 하루에 2시간씩 근무하더라도 1주간 총근무시간은 10시간이므로 주휴수당을 지급할 의무가 없습니다.

반면에 토요일과 일요일에 각각 8시간씩 근무하는 아르바이트직원의 경우 1주간 총근무시간이 16시간이 되므로 주휴수당이 발생합니다.

② 1주 근무시간이 주 40시간 이상인 경우

> 주휴수당=8시간×시급

만약 아르바이트직원의 하루 근무시간이 8시간을 넘고 주 5일 이상 일한다면 1주간 총근무시간은 40시간 이상에 해당됩니다. 주휴수당은 1주간의 총근무시간을 40시간(법정기준 근무시간) 한도로 계산하기 때문에, 총근무시간과 상관없이 해당 직원에게는 '8시간×시급'의 주휴수당을 지급하면 됩니다.

최근까지 마지막 주 근무에 대해서는 해당 주휴수당을 지급하지 않아도 되는 것으로 이해되어 왔습니다. 하지만 최근 고용노동부가 행정해석을 변경하여 요건에 따라 주휴수당을 지급해야 하는 경우가 있으니 아래 사례를 참고해 처리하기 바랍니다.

주휴수당 발생요건

(변경 전) 1주간의 소정근로일을 개근하고 1주를 초과하여 근로가 예정되어 있는 경우 주휴수당 발생

(변경 후) 1주 근로관계가 존속되고 그 기간 동안 개근하였다면 1주를 초과한 날(8일째)의 근로가 예정되어 있지 않더라도 주휴수당 발생

(예) 소정근로일이 월~금, 개근하고 주휴일이 일요일인 경우
- 사례 1) 월요일~금요일까지 근로관계 유지, 토요일 퇴직 → 주휴수당 미발생
- 사례 2) 월요일~일요일까지 근로관계 유지, 그다음 월요일에 퇴직 → 주휴수당 발생

개인사업자 및 소규모 사업주들을 위한 임금 · 인사 · 노무관리

실무상으로 사례 2의 경우처럼 퇴직일이 기존 주휴일까지 유지되는 경우에는 그 다음주에 근무를 하지 않더라도 주휴수당이 발생하게 됩니다.

06 최저임금은 무조건 지켜야 해요

"월 임금이 210만 원이면 최저임금 위반이 아닐까요?"

정답은 '알 수 없다'입니다. 이유는 이하 관련 내용을 살펴본 후에 알게 될 것입니다.

최저임금법은 임금의 최저수준을 보장하는 법으로, 법에서 인정한 경우를 제외하고는 반드시 지켜야 합니다. 최저임금법은 근로기준법과 달리 상시근로자 수에 따라 적용범위(연차휴가 부여나 연장근무수당 지급의무 등)가 달라지지 않고, 직원을 1명이라도 채용하고 있는 사업주라면 반드시 지켜야 합니다. 만약 직원과 약속하고('각서를 쓰고') 최저임금 미만으로 임금을 정했더라도 다시 계산해서 미지급된 차액(최저임금으로 계산한 금액 - 실제 지급액)을 지급해야 합니다.

(1) 최저임금은 1년(1.1~12.31)마다 변경됩니다

최저임금은 보통 6월 말에서 7월 초에 다음연도 최저임금을 최저임금 위원회에서 결정하여 8월에 고시합니다. 이렇게 결정된 최저임금은 다음연도 1월 1일부터 12월 31일까지 적용됩니다. 최저임금과 관련하여 사업주들과 상담하다보면 이런 질문을 하는 경우가 많습니다.

"계약기간이 2024년 7월부터 2025년 6월까지(현재는 시급 10,000원으로 계약)인데 최저임금을 어떻게 반영해야 하나요?"

이런 경우 2024년 7월부터 2024년 12월까지는 기존 시급인 10,000원을 지급해도 되지만(2024년 최저시급은 9,860원), 2025년 1월부터 2025년 6월까지는 2025년 최저시급인 10,030원 이상을 지급해야 합니다. 따라서 2024년 6월에 시급 10,000원으로 계약했더라도 2025년 1월부터는 계약조건과 상관없이 최소한 10,030원 이상의 시급을 반영(30원 이상 인상 필요)하여 변경한 임금을 지급해야 합니다.

(2) 최저임금은 어떻게 판단하나요?

소규모 사업체 입장에서 최저임금의 판단은 매우 중요한 문제입니다. 최저임금은 꾸준한 상승이 예상되며, 동시에 최저임금 위반에 대한 단속과 분쟁이 증가될 것으로 예상되어 최저임금관리에 더욱 신경을 써야

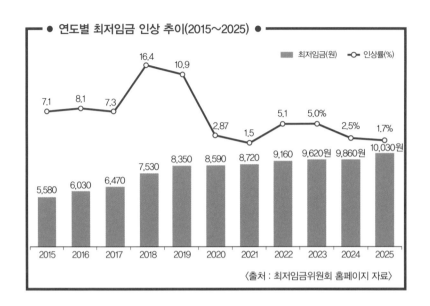

● 연도별 최저임금 인상 추이(2015~2025) ●

■ 최저임금(원) ─O─ 인상률(%)

〈출처 : 최저임금위원회 홈페이지 자료〉

합니다.

① 최저임금 판단기준은 '시급'입니다

직원의 임금은 시급, 일급, 주급, 월급, 연봉 등 다양한 형태로 결정할 수 있습니다. 다만 최저임금 위반 여부를 판단할 때는 해당 직원의 임금을 근무시간으로 나누어 시급을 산출하고 당해연도 최저임금과 비교해 보아야 합니다.

🎯 최저임금 위반 여부 판단 사례 (1)

PC방 직원 B 씨는 오전 10시에 출근해서 오후 7시에 퇴근(점심식사시간은 오후 1시부터 2시까지 1시간)하며 일급 79,000원을 받고 있습니다. 이 경우 최저임금 위반에 해당될까요?

B 씨의 근무시간은 전체 체류시간 중 점심(휴식)시간을 제외한 8시간 이므로 시급은 다음과 같습니다.

• 79,000원÷8시간=9,875원

위의 금액은 2024년 기준으로는 최저임금 9,860원보다 많으므로 최저임금 위반에 해당되지 않습니다. 하지만 2025년 기준으로는 최저임금이 10,030원이므로 이를 B 씨의 시급과 비교하면 최저임금 위반이 됩니다. 따라서 2025년 1월부터는 최소한 155원(10,030원−9,875원) 이상의 시급 인상(일급 : 80,240원(10,030원×8시간))이 필요합니다.

🎯 최저임금 위반 여부 판단 사례 (2)

인터넷쇼핑몰에서 일하는 C 씨의 임금은 월 210만 원입니다. C 씨는 주 5일(월~금) 동안 오전 9시부터 오후 6시까지 일하며, 점심시간은 1시간 입니다. 이 경우 최저임금 위반에 해당될까요?

C 씨의 근무시간은 총체류시간 중 점심(휴식)시간 1시간을 제외한 1일 8시간, 주 40시간입니다. 따라서 C 씨의 월 총근무시간은 주휴일(주휴수

당 발생)을 포함하여 209시간입니다. 이와 관련하여 앞에서 월급제 또는 연봉제로 근무하는 정규직원의 평균근무시간은 통상적으로 209시간으로 산정된다는 사실을 살펴보았습니다(173쪽 참조). 따라서 C 씨의 시급은 다음과 같이 계산됩니다.

• 2,100,000원÷209시간＝10,048원

위의 계산결과와 같이 C 씨의 시급은 2024년뿐만 아니라 2025년 최저임금을 기준으로 판단했을 때도 최저임금 위반에 해당되지 않습니다.

② 임금구성에 따라 최저임금 위반 여부가 달라질 수 있습니다

월급제나 연봉제 직원의 경우 임금을 다양한 항목으로 구성하는 경우가 있습니다. 앞에서 월 급여 210만 원을 받는 C 씨 사례의 경우 최저임금 위반이 아니라고 판단했는데, 그렇다면 C 씨의 임금항목을 다음과 같이 각각 A와 B 형식으로 구성했을 때는 최저임금 위반 여부가 달라질까요?

최저임금 위반 여부를 판단하기 위해서는 우선 최저임금 계산에 포함되는 임금의 종류를 알아야 합니다. 최저임금법 시행규칙에서는 임금의 성격에 따라 최저임금에 포함되는 임금과 포함되지 않아야 할 임금을 구분하고 있습니다.

우선 매월 1회 이상 정기적·일률적으로 지급되는 임금은 최저임금 계산에 포함됩니다. 일반적으로 기본급, 직무수당, 직책수당, 기술수당,

〈A〉			〈B〉	
임금항목	금액		임금항목	금액
기본급	1,700,000		기본급	1,600,000
직책수당	200,000		직책수당	100,000
식대	200,000		시간외근무수당	200,000
			식대	200,000
합계	2,100,000		합계	2,100,000

면허수당, 생산수당 등이 여기에 해당됩니다. 수당의 명칭과 상관없이 고정적으로 지급되는 수당이라고 이해하면 됩니다.

더불어 2024년부터는 매월 지급되는 상여금과 현금으로 지급되는 복리후생비(식대 및 교통비, 숙박비 등)는 100% 최저임금 계산에 포함됩니다.

반면에 매월 1회 이상 정기적으로 지급하는 임금이 아닌 것(성과급 등), 시간외근무(연장, 야간, 휴일)수당 및 연차수당 등 법정수당과 현물로 제공

● 정기상여금, 현금성 복리후생비의 최저임금 미산입비율

※ 정기상여금, 현금성 복리후생비 중 해당 연도 시간급 최저임금액을 월 단위로 환산한 금액의 아래 비율

연도	2019	2020	2021	2022	2023	2024~
정기상여금	25%	20%	15%	10%	5%	0%
현금성 복리후생비	7%	5%	3%	2%	1%	0%

되는 복리후생(식사 제공, 기숙사 제공 등)은 최저임금 계산에 포함되지 않습니다.

그럼 위와 같은 기준에 따라 A와 B 임금항목표에서의 최저임금 위반 여부를 각각 판단해보겠습니다.

A 임금항목표에서는 기본급, 직책수당, 식대 등 모든 임금항목이 최저임금 계산에 포함되므로 최저임금 계산에 반영되는 임금은 210만 원 전액이 됩니다.

따라서 A 임금항목표 기준으로는 시급이 다음과 같이 계산됩니다.

• 2,100,000원÷209시간=10,048원

위 계산결과와 같이 2025년 최저임금(10,030원) 기준으로 판단했을 때 최저임금 위반에 해당되지 않습니다.

B 임금항목표 역시 A 임금항목표에서와 마찬가지로 기본급, 직책수당, 식대가 최저임금 계산에 포함됩니다. 그 외 시간외근무수당은 법정수당으로서 최저임금 계산 시 제외되어야 합니다. 따라서 B 임금항목표에서 최저임금 계산에 반영되는 임금총액은 1,900,000원이며, 이를 기준으로 시급을 계산해보면 다음과 같습니다.

• 1,900,000원÷209시간=9,091원

위 계산결과와 같이 2025년 최저임금(10,030원) 기준으로 판단했을 때 최저임금 위반에 해당됩니다.

해당 임금설계의 경우 비정기적으로 발생하는 시간외근무수당을 기존 임금에 포함하려는 의도로 임금을 구성한 경우입니다. 그러나 상대적으로 임금이 적어 위와 같이 임금을 구성할 경우 최저임금에 위반되게 되므로 총액 임금을 인상하든지, 시간외근무수당이 아닌 기본급 등 최저임금 계산에 포함되는 임금항목으로 변경해주어야 합니다.

위에서 살펴본 대로 최저임금 위반 여부는 임금 전체 총액뿐만 아니라 임금구성에 따라서도 달라질 수 있으므로 임금설계 시 이러한 사항을 반드시 고려해야 합니다. 따라서 임금항목을 구성할 때는 해당 연도 최저임금에 위반되지 않도록 가급적 최저임금 계산에 포함될 수 있는 항목들로 구성해야 합니다.

지금까지 살펴보았듯이 '월급 210만 원이 최저임금 위반에 해당되나요?'에 대한 정확한 답은 '해당 직원의 근무형태(근무시간 등)와 임금총액, 임금의 구성항목을 모두 파악해보아야 정확히 알 수 있다'입니다. 즉, 경우에 따라서 위반이 될 수도 안 될 수도 있으므로 합법적·효율적 임금관리를 통해 최저임금에 위반되지 않도록 관리해야 합니다.

(3) 수습직원에게도 최저임금이 적용되나요?

근로계약기간을 1년 이상으로 정한 경우 수습기간 3개월까지만 최저임금의 최대 10%를 감액적용(최저임금의 90%)할 수 있습니다. 즉, 2025년 기준으로는 최저임금이 10,030원이므로 수습사원에 대해 3개월간 감액적용 시 최저임금은 9,027원이 됩니다.

이와 관련해 과거 일부 사업주가 수습기간 3개월간 최저임금 감액적용요건을 악용하는 사례가 많았습니다. 즉, 아르바이트직원을 채용하면서 3개월의 수습기간을 정하고 그 기간 동안에는 최저임금 이하로 임금을 지급하고 3개월 후에는 해고하는 식이었습니다. 이에 법 개정을 통해 수습기간 중 최저임금 이하로 임금을 지급하기 위해서는 '근로계약기간을 반드시 1년 이상으로 정하는 것'을 요건으로 추가했습니다. 또한 근로계약기간을 1년 이상으로 체결하더라도 '단순노무업무(53쪽 참조)'에 대해서는 수습기간 중 최저임금 감액적용을 금지하는 조항이 추가되었습니다. 이에 따라 단순노무업무로 분류되는 아르바이트직원을 고용하는 경우 수습기간 중 최저임금 감액적용을 하지 않아야 합니다.

(4) 고정적인 연장근무가 있는 경우 연장근무시간을 고려해서 판단해야 합니다

최저임금 준수 여부는 임금수준 대비 실제 근무시간을 기준으로 판단합니다. 따라서 임금결정 시에 고정적인 연장근무를 포함하는 경우(소위 '포괄산정임금계약')에는 이를 반영하여 최저임금 위반 여부를 판단해야 합니다. 이에 대한 자세한 사항은 포괄산정임금계약에 대해 설명할 때(199쪽 참조) 살펴보겠습니다.

(5) 최저임금 상승에 따른 임금관리가 필요합니다

일반적으로 직원이 1년 이상 근무하면 임금을 인상하는 경우가 많습니다. 연봉 5% 인상, 월 20만 원 인상, 시급 500원 인상 등 사업체에서 정한 임금체계에 따라 인상의 대상과 폭을 결정합니다.

과거 최저임금수준이 낮았던 시기에는 아르바이트직원의 시급결정을 제외하고는 최저임금을 크게 고려하지 않고 임금을 결정해도 별 문제가 없었습니다. 하지만 최근 몇 년 사이 최저임금이 지속적으로 상승하면서 임금결정 시 최저임금수준을 반영할 필요성이 커졌습니다. 특히 2018년과 2019년에 연속으로 최저임금이 큰 폭으로 인상되고 2025년에도 인상됨에 따라 상대적으로 임금수준이 낮은 소규모 사업체의 경우 최저임금 위반 문제가 발생할 가능성이 커졌습니다.

따라서 다음연도의 최저임금이 결정되는 7월 이후부터 연말까지는 다음연도 사업운영상황에 따른 총액 인건비를 예측할 수 있다는 점을 감안하여, 이 기간 동안 다음해 인건비 운용전략을 사전에 마련할 필요가 있습니다. 그렇지 않고 아무 준비 없이 다음해 1월이 되어 변경된 최저임금이 적용되면 최저임금 위반 사업체가 될 수도 있기 때문입니다.

① 임금조정시기 변경

사업체별로 직원들의 입사일에 맞춰 임금을 조정하거나, 3월이나 9월 등 특정 시기를 정해서 임금을 변경하는 경우가 많습니다. 이러한 방식은 직원들의 임금수준이 최저임금과 비교하여 높은 경우 특별히 문제되지 않지만, 상대적으로 임금수준이 낮은 자영업체나 소규모 사업체의 경우 최저임금을 고려하여 임금조정시기를 변경할 필요가 있습니다.

임금조정시기를 매년 1월로 조정하면 변경된 최저임금을 반영하여 임금을 결정하기 때문에 최저임금 위반 소지를 줄일 수 있습니다. 따라서 직원들과 협의하여 임금조정시기를 매년 1월로 일괄 조정하는 방법을 고려해보기 바랍니다.

🎯 다음 유통업체 연봉계약은 최저임금 위반에 해당되지 않을까요?

육류유통업체를 운영하는 A 대표는 영업을 담당하는 B 사원을 채용하면서 다음과 같이 근로계약을 체결했습니다.

- 근무시간 : 주 40시간, 월~금 09:00~18:00 근무
- 연봉 : 2,496만 원(월 208만 원), 연봉 전체를 기본급으로 책정
- 연봉계약기간 : 2024.4.1~2025.3.31

위 사례의 경우 2024년 기준으로는 해당 연도 최저시급인 9,860원을 적용한 월 최저임금인 2,060,740원(9,860원×209시간)보다 많기 때문에 최저임금 위반에 해당되지 않습니다.

하지만 2025년 기준으로는 해당 연도 최저시급인 10,030원을 적용한 월 최저임금인 2,096,270원(10,030원×209시간)보다 적기 때문에 2025년 1월부터는 최저임금 위반에 해당됩니다.

따라서 근로계약기간을 2025년 3월까지 체결했더라도, 2025년 1월부터는 208만 원이 아닌 최소한 2,096,270원 이상의 월 급여를 지급해야 합니다.

이처럼 최저임금 기준은 직원과 사업주가 근로계약기간을 어떻게 설정했는지에 상관없이 매년 1월부터 무조건 적용되기 때문에 주의가 필요합니다. 위 사례의 경우 2025년 1월에 근로계약을 다시 체결할 것을 검토할 필요가 있습니다. 즉, 2025년 3월 이후에도 B 사원이 계속 근무할 것이 예정되는 경우 임금적용시점을 2025년 1월 1일부터 2025년 12월 31일까지로 조정하고, 임금은 2025년 1월부터 해당 연도 최저임금을 반영하여 2,096,270원 이상으로 지급하면 최저임금 위반이 되지 않을 뿐만 아니라 최저임금 변경시기에 맞춰 효율적으로 임금관리를 할 수 있게 됩니다.

② 총액 인건비를 고려한 임금관리

직원들 입장에서는 각자의 임금만 신경 쓰면 되겠지만, 사업주 입장에서는 사업환경에 따른 전체 인건비를 고려할 수밖에 없습니다. 특히 최저임금 인상에 따른 인건비 변동을 사전에 파악하여 인력관리에 반영할 필요성이 점차 증가하고 있습니다. 예를 들어 올해 인건비 총액이 1억 원이었는데 다음해 인상되는 최저임금 기준에 따라 인건비가 1억 2,000만 원으로 증가할 것으로 예상된다면(이는 다음연도에 적용될 최저임금 발표시기인 7월부터 판단할 수 있음) 인건비를 감당할 수 있는지 여부를 사전에 판단할 수 있습니다. 만약 경영여건상 인건비 조정이 필요하다면 다음과 같은 방식들을 검토해볼 수 있습니다.

■ 인력구성 조정

현재 정규직원이 5명이라면 인원을 1명 줄여 4명으로 운영하는 방법을 검토해볼 수 있습니다. 줄어든 1명의 인건비를 4명의 임금인상분으로 사용하면 나머지 직원의 최저임금 수준을 맞출 수 있기 때문입니다.

또는 5명의 정규직원을 4명의 정규직원과 1~2명의 아르바이트직원으로 변경하는 방안을 검토해볼 수 있습니다.

이런 식으로 영업활동에 지장이 없는 범위 내에서 다양한 방식으로 인력구성을 변경하여 최저임금 위반이 되지 않도록 관리해야 합니다.

■ 근무시간체계 변경

최저임금 위반 여부는 근무시간으로 판단하기 때문에 근무시간을 조정하는 방식으로 최저임금 수준을 유지할 수 있습니다. 예를 들면 출·퇴근시간을 조정(출근시간을 늦추거나, 퇴근시간을 앞당기는 방식)하거나, 근무시간 중 휴식시간을 늘리는 식으로 실제 근무시간을 줄이는 방식을 생각해볼 수 있습니다.

또 정규직원을 시간제직원으로 전환하거나 근무일을 축소하는 방식(주 6일에서 주 5일 근무, 휴일 및 휴가 증가) 등 업무상황을 고려하여 다양한 방식을 적용할 수 있습니다.

이때 근무시간 축소는 사업주가 일방적으로 결정할 수 없으며, 직원과 합의를 통해 변경해야 한다는 점에 주의해야 합니다. 직원과 합의가 되었다면 변경내용을 근로계약서에 명확히 기재하기 위해 근로계약서를 다시 작성해야 합니다.

취업규칙 등 사업체 규정에 근무조건이 규정되어 있다면, 근무조건 변경에 대한 직원들의 동의를 받는 등의 취업규칙 변경절차를 거쳐야 변경된 근무조건에 대한 효력이 생깁니다(296~297쪽 참조).

간혹 실제로는 동일한 근무체계를 유지하면서 근로계약서나 취업규칙상으로만 근무시간을 조정하는 경우(출·퇴근시간을 단축하거나 휴식시간을 늘리는 경우)가 있는데, 이는 법적 분쟁 시 인정받지도 못할 뿐 아니라 노동분쟁 사항만 증가시킬 수 있으므로 지양해야겠습니다.

사업주들과 상담하다보면 이런 하소연들을 많이 듣습니다.

"우리 같은 영세업자가 최저임금을 어떻게 맞추느냐?"

"최저임금을 이렇게 올리면 우리는 다 죽으라는 것이냐?"

필자는 소규모 사업체 사업주들의 사정을 너무나 잘 알기에 충분히 공감하고 안타까운 마음이 큽니다. 하지만 최저임금은 상황에 따라 지키지 않아도 되는 것이 아니며, 법 위반 여부 판단도 어렵지 않기 때문에 반드시 지키려고 노력해야 합니다.

최저임금을 위반하면 '3년 이하의 징역 또는 2,000만 원 이하의 벌금'이 부과되는 무거운 처벌을 받게 됩니다. 특히 향후 노동행정에서 최저임금 준수 여부를 집중적으로 관리할 것으로 예상되므로 최저임금 관리에 더욱 신경 쓸 필요가 있습니다. 경영환경이 어렵더라도 최저임금은 '최우선적으로 무조건' 준수해야 합니다.

정부에서는 이러한 사업주의 어려움을 덜어주고자 다양한 지원책을 실시하고 있습니다. 자세한 사항은 사업체 관할 고용노동지청에 상담하거나 고용24(http://www.work24.go.kr) 내 기업 부분을 방문하여 도움을 받기 바랍니다.

07 임금에 다 포함되어 있다고 하면 끝?

"우리는 연봉제입니다."

"계약할 때 월급에 다 포함해서 계약했어요!"

상담을 하면서 사업주들과 직원들의 임금 관련 이야기를 나눌 때 많이 나오는 대화입니다. 언제부터인지는 정확히 알 수 없지만 '연봉제'를 각종 법정수당이 모두 포함된 근로계약으로 인식하는 경향이 커졌습니다. 즉, 1년간 정해진 연봉을 매달 임금(연봉의 12분의 1 또는 13분의 1)으로 지급하면 임금 지급과 관련된 법적 의무를 다하는 것으로 생각하는 식입니다. 이런 인식을 바탕으로 연장근무나 야간근무가 있더라도 추가수당을 지급하지 않아도 문제가 없다고 생각하지만 이는 잘못된 생각입니다.

연봉제란 1년 단위로 임금을 정하되, 연봉은 해당 직원의 전년도 업무실적과 능력에 따른 성과를 반영하여 결정하는 임금제도입니다. 일반적으로 소규모 사업체에서 사용하는 연봉제와는 다른 개념으로, 현장에서 사용하는 연봉제의 개념은 대부분 '포괄산정임금계약'을 의미합니다.

포괄산정임금제란 기본급을 결정하고 근로형태나 업무성질에 따라 발생하는 고정적인 시간외근무에 대한 가산수당을 미리 계산하여 임금을 결정하는 방식을 말합니다. 예를 들어 오전 10시에 출근해서 오후 8시에 퇴근하는 경우(휴식시간 1시간) 전체 근무시간은 이미 법정근무시간인 1일 8시간을 초과한 9시간이 됩니다. 따라서 이 경우 기본근무 8시간에 연장근무 1시간이 발생하므로 연장근무 1시간에 대해서는 가산수당을 지급해야 합니다.

일반적인 임금결정방법은 기본임금을 정하고, 소정근무시간 이외에 추가로 시간외근무가 발생하는 경우 법에서 정한 계산법(통상임금의 50% 가산)에 따라 시간외근무수당을 계산하여 기본임금과 함께 지급하는 것입니다. 따라서 매월 임금 총액이 시간외근무시간에 따라 달라질 수 있습니다.

반면에 '포괄산정임금제'는 사전에 법정근무시간을 초과하는 시간외근무시간을 정하고 해당 시간외근무시간에 대한 수당을 기본임금과 함께 미리 지급하기로 정하는 임금결정방식이라고 이해하면 됩니다.

참고로 최근 문제가 되고 있는 포괄임금제의 경우 실제 근무시간과 상관없이 '임의로' 연장근무시간을 산정해 근로계약을 체결하는 방식으로, 주로 사무직 근로자에 적용되고 있습니다. 반면에 이 책에서 설명하는 포괄산정임금제는 '사전에' '실제로' 발생하는 시간외근무시간을 특정하여 임금을 정확히 지급하는 방식을 의미합니다.

음식점, 판매점 등 자영업의 경우 사업체 운영상황에 따라 직원들의 출·퇴근시간이 정해지기 때문에 근무시간을 미리 계산할 수 있습니다. 다만 영업시간이 길어서 직원들의 근무시간이 법정근무시간(1일 8시간, 1주 40시간)을 초과하는 경우가 많기 때문에 시간외근무시간에 대한 가산수당 지급의무가 발생할 수 있습니다. 포괄산정임금제를 설계할 때는 이런 경우처럼 법정근무시간을 초과한 시간외근무시간을 고려하여 임금을 정확히 결정하는 것이 중요합니다.

연장근무가 고정적으로 발생하고, 임금관리 전담 행정인력이 없는 소규모 사업체 입장에서 포괄산정임금제도는 직원들이 이해하기 쉽고, 사업주 입장에서도 운용하기 편리한 측면이 있어서 실무상 많이 활용되고 있습니다. 다만 포괄산정임금제도를 합법적으로 운용하기 위해서는 다음과 같이 몇 가지 주의해야 할 사항들이 있습니다.

(1) 포괄산정임금제는 직원들의 이해와 동의가 필요합니다

포괄산정임금제도는 일반적인 임금계산방식과 달라서 잘못 운용될 경우 직원들에게 불이익을 줄 수 있고 법적 분쟁이 발생할 소지가 많습니다. 따라서 근로계약을 체결할 때 포괄산정임금제도의 운용취지 및 계산방법 등을 알려주고 다음과 같이 직원들의 동의를 별도로 받아둘 필요가 있습니다.

● 포괄산정임금제 적용 동의조항 작성 사례

월 임금에는 근무상황 및 업무특성을 반영하여 산정한 고정적인 시간외근무에 대한 수당이 포함되어 있으며, 근로자는 이에 동의한다.

동의자 성명 : _____ (서명)

(2) 직원들에게 불리하게 적용되어서는 안 됩니다

직원의 실제 근무시간이 1주 50시간인데, 포괄산정임금은 1주 45시간으로 계산하여 결정하는 경우 직원 입장에서 5시간의 연장근무수당을 받지 못하는 불이익이 발생합니다. 이런 경우 법적으로 인정되지 않기 때문에 5시간분의 임금을 추가로 지급해야 하며, 지급하지 않는 경우 임금체불에 해당됩니다.

그렇다면 총근무시간을 1주 50시간으로 계산해서 포괄산정임금계약을 했는데 업무량 감소로 인해 특정 주의 근무시간이 1주 45시간이었다면 어떻게 처리해야 할까요? 감소된 5시간분의 임금을 감액할 수 있을까요?

이런 경우 감액해서 지급하면 안 됩니다. 포괄산정임금계약은 기본임금과 제수당을 지급하기로 사전에 확정적으로 정한 계약이기 때문입니다. 만약 근무시간 변동에 따라 임금을 감액한다면 포괄산정임금제도를 운용한다고 할 수 없습니다.

반대로 총근무시간을 1주 50시간으로 계산해서 포괄산정임금계약을 했는데 업무량 증가로 인해 특정 주의 근무시간이 1주 55시간이었다면 어떻게 해야 할까요? 이 경우에는 증가된 근무시간 5시간분에 대한 추가수당을 지급(상시근로자 수가 5인 이상이라면 1주 52시간 초과근무 문제도 있음)해야 합니다. 사전에 약정된 근무시간한도인 50시간을 넘었기 때문입니다. 간혹 포괄산정임금제를 운용하는 사업체에서 포괄산정임금계약에 의해 정해진 근무시간을 초과하는 부분에 대해 추가임금을 지급하지 않는 경우가 있는데, 이런 경우 임금체불에 해당되므로 반드시 개선되어야 하는 부분입니다.

포괄산정임금은 '사전에 정해진 근무시간에 따라 직원에게 지급하기로 정한 최소한의 임금이고, 정해진 근무시간 이상 근무하는 경우에는 해당 근무시간만큼 임금을 추가 지급해야 한다'라고 이해하면 좋겠습니다.

(3) 임금에 포함되는 근무시간·임금액을 근로계약서에 정확히 기재해야 합니다

'월 급여에는 법정제수당이 포함되어 있다.'

연봉제든 포괄산정임금계약이든 근로계약서에 위와 같은 표현이 있는 경우가 많습니다. 하지만 이런 경우 법적으로 유효한 근로계약이라고 할 수 없습니다. 유효한 근로계약이 되기 위해서는 명확한 기준을 정해야 하며, 해당 기준이 법적 기준을 위반하지 않아야 합니다. 즉, 근무시간에 따른 임금을 분석했을 때 최저임금 이상 지급되어야 하며, 상시근로자

수 5인 이상 사업체인 경우 가산수당까지 정확히 계산되어야 합니다.

실제 포괄산정임금계약 사례를 통해 계약의 법적 유효성 여부를 살펴보겠습니다.

🎯 도소매 유통기업의 포괄산정임금계약 사례

....

- 총직원 수 : 10명
- 근무시간 : 월~금요일 – 09:00~19:00 (점심시간 12:00~13:00)
          토요일 – 09:00 ~ 12:00
- 임금 : 월 270만 원

....

먼저 포괄산정임금계약의 유효성을 검토하기 위해서는 근무시간을 분석해야 합니다.

해당 기업의 평일(월~금요일) 근무시간은 휴식시간을 제외하고 9시간씩이며, 토요일은 3시간을 근무하므로 1주간의 총근무시간은 48시간입니다. 따라서 법정근무시간인 1주 40시간을 8시간 초과하게 됩니다. 이를 월 근무시간으로 환산해보겠습니다.

앞서 설명했듯이(173쪽 참조) 월급제 또는 연봉제로 근무하는 정규직원의 기본근무시간은 주휴일을 포함해 월 209시간입니다. 이를 기준으로 했을 때 사례의 기업에서 매주 고정적으로 발생하는 연장근무시간은 8시간(1시간×5일+3시간)이므로 월 연장근무시간은 약 35시간(8시간×4.35주)(평균 주 수에 대해서는 173쪽 설명 참조)이 됩니다.

포괄산정임금계약의 유효성을 검토하기 위해서는 통상임금을 역산해서 계산해보아야 합니다. 위 사례에서 임금으로 지급해야 하는 월 총근무시간은 기본근무시간 209시간과 연장근무시간 35시간입니다.

- 기본근무시간 : 209시간
- 연장근무시간 : 35시간+(35시간×50%)=52.5시간
- 임금 환산 총근무시간=209시간+52.5시간=261.5시간

이를 기준으로 통상임금을 계산해보면 약 10,325원(2,700,000원÷261.5시간)이 되며, 이를 실제 근무시간에 따라 기본급과 연장근무수당으로 구분해보면 다음과 같습니다.

구분	금액	계산방법
기본급	2,157,925	10,325원(통상임금)×209시간
연장근무수당	542,075	10,325원(통상임금)×35시간(연장근무시간)×1.5
합계	2,700,000	

* 근사값을 이용하므로 계산방식에 따라 다소 금액상의 차이가 있을 수 있음

위와 같이 해당 기업의 포괄산정임금계약은 2025년 최저임금 기준시급인 10,030원보다 높게 책정되었으므로 법적으로 유효한 계약으로 판

단할 수 있습니다.

🎯 음식점의 포괄산정임금계약 사례

- 직원 수 : 정규직원 5명, 아르바이트직원 2명(총 7명)
- 근무시간 : 10:00~22:00(휴식시간 2시간), 주 6일 근무, 1일 휴무
- 임금 : 월 310만 원

해당 음식점의 1일 근무시간은 총체류시간인 12시간 중 휴식기간 2시간을 제외한 10시간이고, 주 6일 근무이므로 1주간의 총근무시간은 60시간입니다. 따라서 법정근무시간인 1주 40시간을 20시간 초과하고 있습니다.

앞서 설명했듯이 통상 정규직원의 기본근무시간은 주휴일을 포함해 월 209시간이고, 해당 음식점에서 고정적으로 발생하는 월 연장근무시간은 약 87시간(20시간×4.35주)입니다.

따라서 위 사례에서 임금으로 지급해야 하는 총근무시간은 기본근무시간 209시간과 연장근무시간 87시간입니다.

- 기본근무시간 : 209시간
- 연장근무시간 : 87시간+(87시간×50%)=130.5시간
- 임금 환산 총근무시간=209시간+130.5시간=339.5시간

따라서 위 사례의 경우 통상임금이 약 9,131원(3,100,000원÷339.5시간)이 되며, 이를 실제 근무시간에 따라 기본급과 연장근무수당으로 구분해보면 다음과 같습니다.

구분	금액	계산방법
기본급	1,908,379	9,131원(통상임금)×209시간
연장근무수당	1,191,621	9,131원(통상임금)×87시간 (연장근무시간)×1.5
합계	3,100,000	

* 근사값을 이용하므로 계산방식에 따라 다소 금액상의 차이가 있을 수 있음

위와 같이 해당 음식점의 포괄산정임금계약은 2025년 최저임금 기준 시급인 10,030원에 한참 미달하므로 최저임금 위반이 됩니다. 따라서 이 경우 총 임금을 3,405,185원(10,030원×339.5시간) 이상으로 인상하거나, 근무시간을 조정해서(줄여서) 최저임금 이상 지급될 수 있도록 해야 합니다.

더욱이 이 음식점은 1주 52시간을 한참 초과하고 있는 문제도 있어 근무시간 조정이 필요한 상황이라 하겠습니다.

앞의 두 사례를 통해 살펴보았듯이 포괄산정임금계약 설계 시에는 총 근무시간에 따라 계산된 임금이 당해연도 최저임금 이상이 되어야 한다는 것이 가장 중요하다는 사실을 잊지 말아야겠습니다.

08 임금관리, 이럴 때는 어떻게 처리해야 하나요?

정해진 날짜에 정해진 임금을 지급하기만 한다면 임금관리가 얼마나 쉬울까요? 하지만 실제 임금처리를 하다보면 다양한 상황이 발생하고 그때마다 처리방법을 고민하게 됩니다. 실무에서 자주 발생하는 사례를 중심으로 어떻게 처리하는 것이 좋을지 살펴보겠습니다.

(1) 직원이 갑자기 그만두었는데 언제까지 임금을 지급해야 하나요?

직원이 그만둔 날로부터 '14일 이내'에 지급해야 합니다. 예를 들어 임금 지급일이 3월 20일인데 직원이 3월 1일에 그만두었다면, 퇴사 시까지 발생한 임금은 기존 임금 지급일인 3월 20일이 아니라 퇴사 후 14일 이내인 3월 15일 전에 지급해야 한다는 의미입니다.

이런 경우 사업체 입장에서는 갑자기 그만둔 직원에게 서운한 마음도 있고, 다른 직원들과 함께 임금을 처리하는 방법이 편리하기 때문에 정해진 임금 지급일에 일괄적으로 처리하는 사례가 많습니다. 하지만 이러한 지급방식은 법 위반에 해당됩니다. 따라서 특별한 사정이 없는 한 번거롭더라도 퇴직일로부터 14일 이내에 처리될 수 있도록 해야 하겠습니다.

다만 특별한 사정이 있어 직원과 합의하는 경우에는 퇴사일 기준 14일 이후로 지급일을 연장할 수 있습니다. 이런 경우에는 '금품청산 연장 동의서(236쪽 서식 참조)'를 작성해서 서류상 동의를 받아두는 것이 좋습니다.

(2) 경기가 좋지 않아 한 달간 휴업하려는데, 월급은 어떻게 지급해야 하나요?

사업을 운영하다보면 사업체의 사정(고객감소, 매출감소 등)에 따라 일시적으로 휴업하는 경우가 있습니다. 이때 전체 직원이 휴업할 수도 있고, 특정 직원만 휴업하는 등 다양한 형태의 휴업이 가능합니다. 이런 경우에는 휴업하는 직원들에게 평소에 받았던 임금(평균임금)의 70%를 휴업수당으로 지급(상시근로자 수 5인 이상 사업장부터 적용)해야 합니다.

이에 대해 일도 하지 않았는데 왜 월급의 70%를 주어야 하는지 의문을 가질 수 있습니다. 하지만 휴업의 이유가 직원의 사정이 아닌 사업주의 경영상 사정에 있기 때문에 휴업수당을 지급할 의무가 발생하는 것입니다. 물론 직원 개인사정으로 휴업하는 경우에는 임금을 지급할 의무가 없습니다.

(3) 직원이 가불해달라고 하는데 어떻게 처리해야 하나요?

　직원이 가불을 요청했다고 해서 반드시 처리해주어야 할 법적인 의무는 없습니다. 이런 경우 사업체 사정과 직원의 사정을 종합적으로 고려하여 결정하면 됩니다.

　만약 직원에게 가불을 해주기로 했다면 이미 발생한 임금범위 내에서만 가불처리를 해야 한다는 점에 주의해야 합니다. 즉, 직원이 임금 지급 후 10일이 지난 시점에 가불을 요청했다면 최대 10일 만큼의 임금만 가불처리해주는 것이 좋습니다. 그렇지 않고 근무한 일수보다 더 많은 금액을 가불해주는 경우(예를 들면 임금 지급 후 10일을 근무한 상태에서 한 달치의 급여를 가불) 갑자기 해당 직원이 퇴사했을 때 추가지급된 임금을 환수하기가 현실적으로 어려울 수 있기 때문입니다.

(4) 직원이 잘못을 해서 감봉하려고 하는데 얼마까지 가능한가요?

　직원의 업무상 과실에 대해 징계 차원에서 감봉을 하는 경우가 있습니다. 이런 경우 상황에 따라 임의로 임금의 10%, 20% 등 특별한 제한 없이 감봉액을 정하는 경우가 많습니다. 하지만 근로기준법에서는 감봉 1회의 금액한도를 1일 임금의 50%, 감봉 총액이 한 달 급여의 10%를 넘지 못하도록 규정하고 있습니다.

　예를 들어 월급이 300만 원이고 1일 임금이 10만 원이라면, 감봉할 수 있는 월 1회 금액은 10만 원의 50%인 5만 원까지입니다. 또한 감봉

총액 한도가 한 달 급여의 10%를 넘어서는 안 되므로, 매달 5만 원씩 감봉한다면 최대 6개월(300만 원의 10%인 30만 원이 되는 기간)까지만 감봉이 가능합니다.

실무적으로 감봉액을 지나치게 크게 결정해서 근로기준법을 위반하는 사례가 많이 발생하므로, 감봉한도를 초과하지 않는 범위 내에서 감봉처리를 하도록 주의할 필요가 있습니다.

상담을 하다보면 사업주들이 "감봉액이 너무 적어 큰 의미가 없는 것 같다!"라고 이야기하는 경우가 많습니다. 하지만 감봉조치는 직원에 대한 징계를 통해 잘못된 행동의 재발을 방지하는 데 큰 의미를 두어야 합니다. 또한 감봉조치는 향후 해당 직원이 동일하거나 다른 형태의 잘못을 다시 저질렀을 때 무거운 징계나 정당한 해고를 할 수 있는 근거로 사용되기도 합니다. 따라서 감봉액의 많고 적음보다는 감봉처분이라는 징계 자체에 의미가 있다고 생각할 필요가 있습니다.

(5) 지각·결근이 잦은 직원에게도 임금을 다 지급해야 하나요?

임금은 정해진 근무를 한 것에 대한 대가입니다. 따라서 지각이나 조퇴, 결근을 한 시간만큼은 임금을 지급할 의무가 없습니다.

다만 지각 및 조퇴, 결근으로 인해 근무를 제공하지 못한 시간만큼만 정확히 임금을 공제해야 한다는 점에 주의해야 합니다. 예를 들어 지각 3회 시 결근 1회로 처리하거나, 조퇴 2회 시 결근 1회로 처리하는 등의 부정확한 공제로 해당 시간보다 더 많은 임금을 공제하면 임금체불이 됩니다. 따라서 한 달 동안 지각을 각각 30분, 1시간씩 2회 하고, 퇴근시간 30분 전에 조퇴를 1회 한 직원이 있다면 총 2시간분의 임금을 공제하면 됩니다.

다만 결근의 경우 해당 결근일의 임금공제에 추가하여 일주일 만근을 전제로 부여하는 주휴수당을 지급하지 않아도 되므로 총 2일의 임금을 공제할 수 있습니다.

(6) 중도 입사자 및 퇴사자의 임금은 어떻게 계산해야 하나요?

직원이 월 중간에 입사하거나 퇴사하는 경우가 있습니다. 이런 경우 정해진 처리규정이나 직원과 미리 합의한 약정이 있으면 그에 따라 처리하면 되고, 특별히 규정이 없다면 '일할계산'을 하게 됩니다.

일할계산방법은 다양할 수 있으나, 기본적으로 직원에게 불리한 계산방법이 아니면 인정됩니다. 일반적인 일할계산방법은 재직일수(휴일을 포함한 일수)를 그 달의 일수로 나누는 방식입니다. 예를 들어 말일이 임금 지급일인 사업체에서 근무하던 직원이 6월 21일까지 근무하고 퇴사했다면 다음과 같이 일할계산을 하면 됩니다.

> 6월 임금×21일/30일(6월의 전체 일수)

09

퇴직금관리
어렵지 않아요!

퇴직금 지급에 대해서는 근로기준법이 아닌 '근로자퇴직급여보장법'에서 규정하고 있습니다. 현재는 기존의 퇴직금제도와 퇴직연금제도로 구분해서 운영되고 있으며, 이 두 제도를 합쳐 '퇴직급여제도'라고 합니다. 다만 소규모 사업체의 경우 아직까지는 대부분 기존 퇴직금제도를 운용하고 있기 때문에 여기서는 기존 퇴직금제도를 중심으로 살펴보겠습니다.

(1) 퇴직금은 언제 발생하나요?

퇴직금은 직원이 '연속해서 1년을 근무'하는 경우에 발생합니다. 만약 계속 근무한 전체 기간이 1년에서 1일이라도 부족하면 퇴직금이 발생하지 않습니다. 예를 들어 근로계약기간을 당해연도 1월 5일부터 12월 31일까지로 했다면 계속근무기간이 만 1년이 안 되므로 퇴직금이 발생하지 않습니다.

다만 사업체 내부 퇴직금 관련 규정이나 당사자 간 합의로 1년 미만 근무한 경우에도 퇴직금을 지급하기로 약정했다면 그 기준에 따라 퇴직금을 지급해야 합니다.

그런데 1년을 넘게 일해도 퇴직금이 발생되지 않는 예외적인 경우가 있습니다. 소위 초단시간근로자로서 '4주간을 평균하여 1주간의 소정근무시간이 15시간 미만'인 직원은 근무기간과 상관없이 퇴직금이 발생하지 않습니다.

2010년 12월 1일 이전에는 상시근로자 수 5인 미만 사업체의 경우 퇴직금을 지급할 의무가 없었습니다. 하지만 이후 법 개정을 통해 2010년 12월 1일부터는 상시근로자 수와 상관없이 모든 사업장에서 퇴직금을 지급하도록 했습니다. 다만 상시근로자 수 5인 미만 사업체의 경우에는 2010년 12월 1일부터 2012년 12월 31일까지는 퇴직금 산정금액의 50%를 감액적용할 수 있으며, 2013년 1월 1일부터는 100%를 지급해야 합니다.

(2) 퇴직금 지급대상이 정확히 어떻게 되나요?

퇴직금은 기본적으로 1년 이상 일한 '근로자'에게 지급하면 됩니다. 하지만 이와 관련해 실무적으로 '근로자성'이 애매한 인력에 대한 퇴직금 지급 여부가 많은 문제를 일으키고 있습니다(33~36쪽 참조). 특히 소위 프리랜서 또는 개인사업자(보통 보수에서 3.3% 소득세를 공제 후 지급하는 사업자)에게는 퇴직금을 지급하지 않던 관행이 이어져 왔기 때문에 최근 사업주와 많은 분쟁이 발생하고 있습니다.

　프리랜서에 대한 퇴직금 미지급 문제는 실제 노동분쟁에서 상당히 많은 비중을 차지하고 있습니다. 이와 관련하여 최근에는 프리랜서의 근로자성을 넓게 인정해주는 추세로 인해 관행이 아닌 법적 기준에 따라 퇴직금을 지급해야 하는 사례가 지속적으로 늘어나고 있습니다. 따라서 근로자성 판단기준에 따라 근로자인지 프리랜서인지 구분하기가 애매한 경우에는 그 관계를 명확히 하여 퇴직금관리에 반영해야 합니다. 필자 개인적으로는 노동분쟁 위험관리 차원에서 프리랜서라 하더라도 퇴직위로금형식의 금전을 제공하는 방식이 좋은 관리방안이라고 생각합니다.

(3) 퇴직금은 어떻게 계산해야(얼마나 주어야) 하나요?

　퇴직금은 계속근무연수 1년에 대해 30일분의 평균임금을 곱해서 산출하며, 계산방법은 다음과 같습니다.

> **퇴직금＝1일 평균임금×30일×재직기간(재직일수÷365일)**

　평균임금은 퇴직일 이전 3개월간 받은 임금 총액을 그 기간의 총일수로 나누어 산정합니다. 통상적으로 근무기간 1년에 대한 퇴직금은 대략 한 달 임금이라고 이해하면 됩니다.

🎯 퇴직금 계산 사례

- 입사일 : 2022년 1월 1일
- 퇴사일 : 2025년 6월 1일(퇴직일은 마지막 근무한 날의 다음 날짜로 합니다. 즉, 이 사례는 2025년 5월 31일까지 근무한 경우입니다.)
- 월 급여 : 240만 원

퇴직금을 계산하려면 우선 1일 평균임금을 구해야 합니다. 1일 평균임금은 다음과 같이 퇴직일 이전 3개월간 총임금을 해당 일수로 나누어서 계산합니다.

- 7,200,000원(240만 원×3개월)÷92일(31일(3월)+30일(4월)+31일(5월))
  =78,260원

다음에는 재직기간을 계산해야 합니다. 위 사례의 경우 총재직기간이 3년 5개월이고, 일수로는 1,247일입니다.

위의 사항을 퇴직금 계산공식에 대입하면 총퇴직금이 다음과 같이 계산됩니다.

- 78,260원(1일 평균임금)×30일×(1,247일(재직일수)÷365일)
  =약 8,021,203원

(4) 퇴직금 중간정산은 어떻게 관리해야 하나요?

퇴직금은 원칙적으로 근로자가 퇴직한 후에 발생합니다. 하지만 근로자가 퇴직 전에 이미 근로를 제공한 기간에 대해 퇴직금 지급을 요구하면 퇴직금을 미리 정산하여 지급하게 되는데, 이를 '퇴직금 중간정산'이라고 합니다. 퇴직금 중간정산은 사업주가 일방적으로 할 수 없고 '근로자의 요구가 있어야만 가능'합니다.

과거에는 퇴직금 중간정산이 관행처럼 이루어졌으나, 2012년 7월 26

퇴직금 계산기

※퇴직금 계산은 고용노동부 사이트(www.moel.go.kr)의 퇴직금 계산기를 활용하면 편리합니다.

1. 고용노동부 홈페이지 첫 화면 하단 '퇴직금 계산기' 클릭

---

2. 퇴직금 계산기에 항목별 입력사항 입력 후 계산 버튼 클릭

기간	기간별일수	기본급	기타수당
2025.3.1 ~ 2025.3.31	31 일	2,400,000 원	0 원
2025.4.1 ~ 2025.4.30	30 일	2,400,000 원	0 원
2025.5.1 ~ 2025.5.31	31 일	2,400,000 원	0 원
	일	0 원	원
합계 [92 일]	92 일	7,200,000 원	원

일부터는 주택구입 등 법적 요건을 갖춘 경우에만 중간정산이 가능하도록 법이 개정되었습니다. 따라서 직원들의 요구가 있더라도 퇴직금 중간정산요건에 해당되지 않으면 퇴직금 중간정산처리를 하면 안 됩니다. 또한 퇴직금 중간정산요건에 해당되더라도 사업주가 반드시 중간정산을 해주어야 하는 것은 아닙니다. 따라서 근로자의 퇴직금 중간정산 요청 시 먼저 퇴직금 중간정산요건에 해당되는지 여부를 검토한 후에, 경

영상황 및 직원의 상황을 종합적으로 고려하여 처리 여부를 판단하면 됩니다.

직원의 퇴직금 중간정산사유가 아래 사항에 해당되고, 해당 직원이 퇴직금 중간정산 신청서와 상기 사유에 해당되는 서류(주택매매계약서, 전세계약서, 병원진단서 등)를 제출하는 경우 퇴직금 중간정산이 가능합니다.

퇴직금 중간정산 처리 후에는 해당 직원의 퇴직금 산정을 위한 근무기간을 새롭게 계산하게 됩니다. 이런 경우 퇴직금 중간정산 이후 기간

퇴직금 중간정산사유

① 무주택자인 근로자가 본인 명의로 주택을 구입하는 경우
② 무주택자인 근로자가 주거목적으로 전세금 또는 보증금을 부담하는 경우(당해 사업장 1회로 한정)
③ 본인, 배우자 또는 부양가족의 질병·부상으로 6개월 이상 요양하는 경우 (단, 부담한 의료비가 연간 임금총액의 1천분의 125를 초과한 경우에 한함)
④ 최근 5년 이내 파산선고를 받거나 개인회생절차 개시결정을 받은 경우
⑤ 임금피크제를 실시하여 임금이 줄어드는 경우
⑥ 근로자와 합의에 따라 소정근로시간을 1일 1시간 또는 1주 5시간 이상 변경하여 그 변경된 소정근로시간에 따라 3개월 이상 계속 근로하기로 한 경우
⑦ 근로시간 단축으로 근로자의 퇴직금이 감소되는 경우
⑧ 태풍, 홍수 등 천재지변으로 고용노동부장관이 정한 사유와 요건에 해당하는 경우

부터 퇴직 시까지의 기간에 대한 퇴직금을 퇴직 시에 지급하면 됩니다. 이때 퇴직금 중간정산 후 실제 퇴직 시까지의 잔여 근무기간이 1년 미만이더라도 해당 기간에 대한 퇴직금을 지급해야 한다는 점에 주의해야 합니다.

퇴직금 중간정산은 근로자의 요청에 의해 전체 퇴직금 중 일부분을 먼저 지급하는 것이라고 이해하면 됩니다.

🎯 퇴직금 중간정산 사례

- 입사 : 2024년 1월 1일
- 퇴사 : 2025년 9월 1일
- 월 급여 : 250만 원
- 중간정산 요청일시 : 2025년 1월 2일(중간정산 요청기간 : 2024년 1월 1일 ~ 12월 31일)

퇴직금 중간정산을 하려면 우선 1일 평균임금을 구해야 합니다. 1일 평균임금은 다음과 같이 중간정산 요청일 이전 3개월간 총임금을 해당 일수로 나누어서 계산합니다.

- 7,500,000원(250만 원×3개월)÷92일(31일(10월)+30일(11월)+31일(12월))=81,521.74원

다음에는 재직기간을 계산해야 합니다. 위 사례의 경우 중간정산 요청기간에 해당하는 총재직기간이 1년이고, 일수로는 366일(윤년 적용)입니다.

위의 사항을 퇴직금 계산공식에 대입하면 퇴직금 중간정산금액이 다음과 같이 계산됩니다.

- 81,521.74원(1일 평균임금)×30일×(366일(재직일수)÷365일)
  = 2,452,353원

또한 위 사례의 경우 해당 직원이 퇴직금 중간정산을 하고나서 8개월 후에 퇴사했으므로 잔여 근무기간인 8개월에 대한 퇴직금을 실제 퇴직 시에 지급하면 됩니다. 이 경우에도 우선 다음과 같이 1일 평균임금을 구해야 합니다.

- 7,500,000원(250만 원×3개월)÷92일(30일(6월)+31일(7월)+31일(8월))
  =81,521.74원

다음에는 재직기간을 계산해야 합니다. 위 사례의 경우 퇴직금 중간 정산 이후 총재직기간이 8개월이고, 일수로는 243일입니다.

위의 사항을 퇴직금 계산공식에 대입하면 실제 퇴직 시 지급해야 하는 총퇴직금이 다음과 같이 계산됩니다.

- 81,521.74원(1일 평균임금)×30일×(243일(재직일수)÷365일)
  =1,628,201원

(5) 퇴직금은 퇴직 후 언제까지 지급해야 하나요?

퇴직금은 임금과 마찬가지로 기존 임금 지급일에 맞춰 지급하는 것이 아니라, '퇴직 후 14일 내'에 지급해야 한다는 사실에 주의해야 합니다.

한편, 퇴직한 직원이 임금이나 퇴직금을 받을 권리를 3년간 행사하지 않으면 권리가 소멸됩니다. 그런데 이것은 반대로 직원이 퇴직 후에도 3년까지는 퇴직금과 관련한 권리를 갖는다는 의미가 됩니다. 따라서 직원이 퇴직한 후에라도 미지급한 퇴직금이 있다면 정상적으로 지급될 수 있도록 해야 합니다.

(6) 퇴직금은 어떻게 지급하나요?

퇴직연금제도를 제외한 퇴직금제도에서는 퇴직금을 기존 임금 지급 계좌로 지급하는 것이 관행이었습니다. 그러나 2022년 4월 14일부터는 퇴직금을 직원이 지정한 개인형 퇴직연금계좌(IRP계좌)로 지급해야 합니다. 이에 따라 회사는 퇴직 직원에게 IRP계좌 개설을 안내하고, 회사는 기한 내에 퇴직금을 근로자가 지정한 IRP계좌로 지급해야 합니다. 이때 주의할 점은 퇴직금 전액을 IRP계좌로 지급해야 한다는 점(퇴직소득을 원천징수하지 않는 것을 의미함)입니다. 즉, 퇴직금과 관련된 세금은 향후 직원이 퇴직금을 연금 또는 일시금으로 수령하는 시점에 과세됩니다.

다만 다음의 예외사유에 해당하는 경우 퇴직금을 IRP계좌로 지급하지 않고, 기존과 같이 임금지급 계좌로 지급할 수 있습니다.

퇴직금 IRP계좌 지급 예외사유

- 55세 이후 퇴직한 경우
- 퇴직급여액이 300만 원 이하인 경우
- 사망으로 인한 당연퇴직 및 외국인 근로자가 국외 출국한 경우 등

---

(7) 퇴직연금은 무엇인가요?

퇴직금제도 이외에 사업주가 퇴직하는 직원에게 퇴직급여를 지급하는 방법으로 '퇴직연금제도'가 있습니다. 퇴직연금제도를 도입하거나 변경(예를 들어 확정급여형(DB형)에서 확정기여형(DC형)으로 변경)하기 위해서는 근로자들의 동의와 함께 퇴직연금규약 작성(또는 변경) 및 고용노동부 신고 등의 법적 절차가 필요합니다.

퇴직연금제도는 노동법상 퇴직급여제도이면서, 실제 운영은 금융기관을 통해서 하기 때문에 일반적으로 퇴직연금을 관리하는 금융기관이 퇴직연금제도 도입 및 변경에 따른 퇴직연금 규약 작성·변경, 고용노동부 신고 등에 대해 도움을 주게 됩니다.

한편, 정부에서는 퇴직연금제도 도입을 확대하기 위해 노력하고 있으

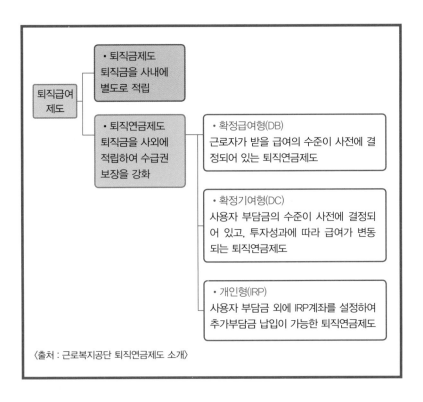

〈출처 : 근로복지공단 퇴직연금제도 소개〉

며, 이를 위해 다양한 지원책을 제시하고 있으니 사업체 입장에서는 퇴
직연금제도 도입에 대해 관심을 가질 필요가 있습니다. 다만 앞서 언급
했듯이 아직까지는 퇴직연금제도를 운용하는 소규모 사업체가 많지 않
아 이 책에서 자세히 다루지는 않았습니다.

참고로 현재 근로복지공단에서 상시근로자 수 30인 이하 사업장을 대
상으로 퇴직연금제도 도입과 관련한 지원사업을 시행하고 있으므로 퇴
직연금제도 가입을 검토하는 사업체라면 활용해볼 필요가 있습니다.

10 퇴직금에 대한 오해와 진실

"퇴직금 지급은 없는 것으로 합의했습니다."

"퇴직금을 매월 월급에 포함해서 지급하기로 했습니다."

"퇴직금은 기본급을 기준으로 계산하는 거 아닌가요?"

"일용직과 아르바이트직원에게도 퇴직금을 줘야 한다고요?"

사업현장에서 퇴직금만큼 오해가 많은 분야도 없는 것 같습니다. 임금과 달리 퇴직금은 '당사자 간의 합의'나 '업계 관행'을 중요한 기준으로 삼아왔기 때문인 듯합니다. 하지만 퇴직금은 법적 지급기준이 명확하고, 퇴직금 금액 자체가 크기 때문에 당사자 간 합의와 관계없이 퇴직금을 지급하지 않으면 법적 분쟁으로 이어지는 경우가 많습니다. 이러한 법적 분쟁에서는 당초 사업주와 직원과의 약속이나 업계 관행과는 달리 '퇴직금을 지급하라'고 결정되는 사례가 많기 때문에 법적 기준에 맞는 퇴직금관리가 절대적으로 필요합니다.

퇴직금과 관련하여 실무에서 자주 문제되는 사례를 중심으로 효율적인 퇴직금관리방법에 대해 알아보겠습니다.

(1) 퇴직금을 안 받기로 한 약속은 효력이 있나요?

퇴직금은 직원이 1년 이상 근무해야 발생합니다. 계약기간을 미리 정한 계약직원을 제외하고는 실제로 얼마동안 근무하고 퇴직할지 알 수 없기 때문에 미리 계산해서 지급하기도 어렵습니다. 이로 인해 퇴직금은 월급이나 연봉과 달리 직원이 실제 퇴직할 때 비로소 구체적인 금액이 확정된다는 특징이 있습니다.

퇴직금의 경우 당사자 간에 '퇴직금을 받을 권리를 사전에 포기한다'는 약속이 있더라도 법률적 효력이 없습니다. 근로계약을 맺을 때나 퇴직 전에 퇴직금을 받지 않기로 합의서나 각서를 받는 것 또한 큰 의미가 없습니다. 상호간에 약속한 서류 자체가 관련법을 위반하는 약속(약정)이어서 법적인 효력이 없기 때문입니다. 즉, 당사자 간에 퇴직금을 사전에 포기하는 약정을 했더라도 해당 직원이 실제 퇴직한 뒤에 퇴직금을 청구하면 퇴직금을 지급해야 합니다.

다만 직원의 퇴직으로 인해 퇴직금이 확정된 후, 해당 직원이 이미 확정된 퇴직금을 포기하는 것은 법률적으로 인정됩니다. 다만 이로 인한 법적 분쟁을 예방하려면 퇴직금 수령을 포기한 직원에게서 퇴직금 포기 각서(동의서)를 받아둘 필요가 있습니다.

(2) 퇴직금을 매월 월급에 포함해서 주기로 한 약정은 효력이 있나요?

과거에는 관행처럼 퇴직금을 임금에 포함해 지급하는 경우가 많았습니다. 하지만 최근 이와 관련한 법적 분쟁이 증가하면서 사업주들이 조심스럽게 생각하는 경향이 커짐에 따라 많이 개선된 측면이 있습니다. 하지만 여전히 '직원이 원한다는 이유로' 퇴직금을 매월 임금에 포함해서 지급하는 사례가 종종 발생하고 있습니다.

▌퇴직금을 월급에 포함해서 지급한 사례

플라스틱제품 제조업체에 취업한 A 씨는 입사하면서 W 대표에게 열심히 일할 테니 월급에 퇴직금을 포함해서 지급해달라고 요청했습니다. W 대표는 퇴직금을 월급에 포함해서 지급하면 안 된다는 사실을 잘 알고 있어서 처음에는 거부했지만, A 씨는 개인사정을 들어 거듭 같은 요청을 했습니다.

A 씨 : 사장님, 사실은 제 집사람이 몸이 아파 치료비가 많이 듭니다.
W 대표 : 그런 사정이 있었군요. 흠… 그렇다면 퇴직금을 월급에 포함해서 줘도 나중에 이의제기를 하지 않겠다고 약속할 수 있나요?
A 씨 : 물론입니다. 각서도 써드릴 수 있습니다.
W 대표 : 그렇다면 그렇게 처리하겠습니다.

이후 W 대표는 A 씨에게 매달 월급 이외에 20만 원씩 퇴직금을 포함해서 임금을 지급했으며, 만일을 대비해 매달 월급과 퇴직금을 분리해서 입금했습니다. 이런 처리방식에 문제가 없는 것일까요?

위 사례에서 A 씨는 입사 3년 후에 부인의 병세가 더 악화되어 간병을 위해 어쩔 수 없이 퇴직을 했습니다. W 대표는 퇴직금을 매달 월급에 포함해서 미리 지급했기 때문에 당연히 추가로 퇴직금을 지급하지 않았습니다. 그런데 A 씨가 퇴직하나서 1년 후에 W 대표는 고용노동부로부터 '출석요구서'를 받았습니다. 출석요구서에는 A 씨가 3년간의 퇴직금을 지급받지 못했다는 진정내용이 담겨 있었습니다. 이 사례에 대해 고용노동부는 어떤 결정을 내렸을까요?

일단 퇴직 후 3년이 지나지 않았기 때문에 A 씨에게는 퇴직금을 청구할 권리가 있습니다. 또한 근무기간 중에 지급한 퇴직금은 법적으로 인정받기 어렵기 때문에(적법한 퇴직금 중간정산은 예외로 함), 결과적으로 고용노동부에서는 W 대표에게 3년간의 퇴직금을 A 씨에게 지급하라고 결정했습니다. W 대표는 A 씨와 작성한 합의서와 퇴직금을 월급과 별도로 분리하여 입금한 내역을 제출하며 퇴직금을 지급했다고 주장했으나 받아들여지지 않았습니다.

앞서 살펴보았듯이 퇴직금은 퇴직 후에 지급액이 확정되기 때문에 미리 지급한 퇴직금은 법적으로 인정되지 않습니다. 뿐만 아니라 퇴직금을 월급에 포함해서 주는 방식은 사업주가 퇴직금을 지급하지 않는 수단(소위 '꼼수')으로 악용될 소지가 있기 때문에 노동법상으로 인정하고 있지 않습니다. 다만 위의 사례처럼 직원 재직 시에 매달 퇴직금 명목으로 얼마씩을 지급한 금액이 있다면, 해당 금액은 직원이 정당하게 받을 권리가 없음에도 받은 것이므로 사업주에게 돌려주어야 합니다. 하지만 이 부분은 금전과 관련된 민사사건으로써 고용노동부에서 다룰 영역이 아니기 때문에 사업주 입장에서 달리 해결할 방법이 없습니다.

위 사례의 경우라면 W 대표는 A 씨에게 3년간의 퇴직금을 지급하고, A 씨는 3년간 매달 지급받았던 퇴직금을 W 대표에게 돌려주어야 합니다. 문제는 A 씨가 이미 받았던 퇴직금 반환을 거부하더라도 현실적으로 돌려받을 방법이 없다는 사실입니다. 위에서 언급했듯이 법원에 부당이득 반환을 요구하는 민사소송을 제기해볼 수는 있지만, 재판에서 이기더라도 시간과 비용을 고려하면 실익이 없는 경우가 많아 실제 재판으로 이어지는 사례는 많지 않습니다.

위 사례의 경우 재판까지는 가지 않고 W 대표와 A 씨가 일정액의 퇴직금을 지급하는 데 합의하면서 사건이 종료되었습니다. 하지만 결과적으로 W 대표 입장에서는 퇴직금을 추가로 지급하게 됨으로써 경제적 손해는 물론 인간적인 배신감으로 괴로움을 겪게 되었습니다.

위 사례를 통해 살펴보았듯이 어떠한 경우에도 퇴직금을 임금에 포함해서 지급하면 안 됩니다. 시중에 '이렇게 저렇게 처리하면' 임금에 퇴직금을 포함해서 지급해도 된다는 의견이 나돌기도 하지만, 이런 방법들은 대부분 법적 효력이 없다는 사실에 주의할 필요가 있습니다.

다시 한 번 강조하지만, 어떠한 경우에도 임금에 퇴직금을 포함해서 지급하면 안 됩니다.

(3) 기본급을 기준으로 퇴직금을 계산하는 방식이 맞는 건가요?

　아닙니다. 퇴직금은 '평균임금'을 기준으로 계산해야 합니다. 평균임금은 특별한 경우를 제외하고는 평소에 받는 임금 총액을 말합니다.

　물론 임금이 기본급만으로 구성되어 있다면 기본급만으로 퇴직금을 계산해도 문제가 없습니다. 하지만 일반적으로 임금은 기본급, 법정수당, 식대, 상여금 등 다양한 항목으로 구성되어 있는 경우가 많습니다. 이런 경우에 기본급만으로 퇴직금을 계산하면 법정퇴직금보다 적게 지급하게 됨으로써 위법한 퇴직금처리가 됩니다. 따라서 특별한 경우를 제외하고는 퇴직금은 임금 총액으로 계산해야 합니다.

　이와 관련해 실무상 상여금과 성과급이 퇴직금 계산에 반영되는지 여부에 대해 혼란스러워하는 경우가 있습니다. 만약 내부 규정이나 근로계약을 통해 사전에 지급하기로 정해진 상여금(예를 들어 1년간 기본급의 400%, 연봉 총액의 600%, 2달에 한 번 기본급의 100% 등)이라면 원칙적으로 퇴직금 계산에 반영해야 합니다. 다만 평균임금 계산취지에 맞춰 12개월 동안 받은 상여금 총액 중에서 3개월분(3/12)만을 반영해 계산합니다. 즉, 1년간 1,200만 원의 상여금을 받았다면 퇴직금 계산 시에는 300만 원(1,200만 원×3/12)만을 반영합니다.

　성과급의 경우 상황에 따라 퇴직금 반영 여부가 달라집니다. 개인의 성과에 따라 지급되는 성과급(인센티브 등)은 원칙적으로 근로의 대가로 보아서 퇴직금 계산에 반영됩니다. 즉, 성과급 지급기준이 사전에 정해진 경우(근로계약, 내부 규정, 인센티브약정 등)에는 상여금과 마찬가지로 해당 성과급도 퇴직금 계산에 반영해야 합니다.

반면에 소위 떡값이나 봉투 형태로 사업주가 임의적인 판단으로 일정한 기준 없이 지급하는 금품은 근로의 대가인 임금 자체로 보기 어려운 경우가 많아서 퇴직금 계산에서 제외됩니다.

(4) 일용직직원에게도 퇴직금을 지급해야 하나요?

퇴직금 지급 여부는 정규직, 계약직, 일용직, 시간제 직원인지 여부로 따지지 않고, 1년간 계속해서 근무했는지 여부로 판단합니다. 따라서 일용직직원의 경우에도 1년간 계속해서 근무했다면 퇴직금을 지급해야 합니다.

이와 관련하여 사업주들과 상담을 하다보면 "우리 가게에는 일용직직원이 많아요"라고 이야기하는 경우가 있습니다. 법 해석상 일용직이란 '하루 단위로 근무 여부가 결정되는 형태'를 의미합니다. 이에 비해 사업주들이 통상적으로 표현하는 일용직은 '하루 단위로 임금을 계산하는 형태, 즉 일당을 매일 지급하거나, 근무일수를 따져 임금을 결정하는 형태(월급이 아닌 일한 일수만큼 임금을 지급)'를 의미하는 경우가 많습니다. 즉, 하루 단위로 근무형태가 결정된다는 의미보다는 임금의 계산방식이 하루 단위인 경우를 '일용직' 또는 '일당직'으로 판단하는 것입니다.

문제는 사업주들이 이런 의미에서 '일용직은 퇴직금이 없다'라고 인식하는 경우가 많다는 사실입니다. 실제 사업주들과 상담을 해보면 하루 단위로 임금이 책정된 직원들 중에서 정규직원보다 더 장기간 일하는 경우가 있습니다. 해당 직원의 입장에서 단지 월급이 아닌 일당으로 임금을 지급받는다는 이유로 퇴직금을 받지 못한다면 당연히 불합리하다고 생각할 수 있습니다. 실제로 이런 일들이 법적 분쟁으로 이어지는 경우가 많습니다. 따라서 일용직 또는 일당직직원이라도 계속해서 일한 기간이 1년이 넘는다면 월급을 받는 정규직원과 동일하게 퇴직금을 지급해야 합니다.

직원이 임금을 월급으로 받든, 주급으로 받든, 일급으로 받든, 그것은 임금 지급형태의 하나일 뿐이지, 직원의 퇴직금 발생 여부와는 관련이 없다는 사실을 명심할 필요가 있습니다.

(5) 회사나 대표가 변경되면 기존 퇴직금은 어떻게 처리해야 하나요?

> 공구도매상을 운영하는 A업체는 사업확장에 따라 동일한 사업을 하는 B업체를 인수했습니다. 이런 경우 B업체에서 일하던 직원들의 퇴직금은 누가 지급해야 할까요?

사업을 하다보면 직원들의 의지와 상관없이 사업주가 바뀌거나, 인수나 합병, 분할 등의 이유로 사업체 자체가 바뀌는 경우가 있습니다.

이와 관련해 기존 사업과 특별한 변화 없이 '동일성'이 유지되는 경우를 '영업양도'라고 하는데, 이 경우 영업양도 후에 양도된 사업체에서 일했던 근로자의 퇴직금 처리방법이 문제가 될 수 있습니다.

사업체를 인수한 입장에서 보면, 왜 인수하기 전에 기존 사업체에서 일했던 직원들의 퇴직금까지 책임져야 하는지에 대해 의문이 들 수 있습니다. 하지만 기존 사업체에서 일했던 직원들 입장에서 생각해보면, 입사해서 퇴직할 때까지의 전체 기간에 대해 퇴직금을 보장받을 필요가 있으며, 사업체나 대표자가 변경되었다고 해서 영향을 받을 이유도 없습니다.

이러한 이유로 사업체를 인수한 경우 특별한 약정이 없다면 기존 사업체 직원의 퇴직금은 인수한 사업체가 책임을 지게 됩니다. 즉, 사업체 인수 이후에 이전 사업체의 기존 직원이 퇴사하는 경우 기존 사업체에서 근무했던 기간까지 포함하여 퇴직금을 지급해야 합니다.

따라서 위 사례의 경우 B업체를 인수한 A업체에서 B업체에서 일했던 직원들의 퇴직금 전체를 책임져야 합니다.

이런 이유로 사업체 간 인수계약을 체결할 때는 기존 사업체 직원들의 퇴직금을 누가 어떻게 처리할지를 사전에 분명히 정하는 것이 중요합니다. 하지만 실제 사업체 간 계약체결 시 이 부분을 생각하지 않는 경우가 의외로 많습니다. 특히 사업을 인수하는 기업에서 기존 회사 직원들의 퇴직금을 고려하지 않고 인수계약을 체결하고 기존 사업체에서 일했던 직원들에게 인수 전 일했던 기간에 대한 퇴직금을 지급하지 않아 해당 직원들이 경제적 곤란을 겪는 경우가 많습니다. 따라서 사업체 인수 시에는 이 부분을 고려하여 계약조건에 반영할 필요가 있습니다.

임금상계 동의서

소 속		성 명	
부서 및 직위		생년월일	
퇴직일			

상기 본인은 회사와의 합의로 결정한 임금상계에 대하여 다음과 같이 동의합니다.

- 다 음 -

1. 본인은 (   ) 사유로 발생한
₩(_____)에 대하여 본인이 지급받을 임금에서 상계하는 것에 동의
합니다.

2. 임금상계 방식은 다음과 같습니다.

> (예) 매월 임금에서 ₩(_____)를 (   )월간 공제함.
> (예) 지급받을 퇴직금에서 ₩(_____)를 공제한 후 지급함.

3. 본인은 자유로운 의사로 임금상계에 동의하였음을 다시 한 번 확인하며, 이후 이와
관련한 어떠한 이의제기도 하지 않겠습니다.

년   월   일

위 동의인   (서명)

(회사명) ○○○ 대표 귀하

[작성 예]

임 금 명 세 서

지급일 : 20XX-XX-25

성명	홍길동	사번	073542
부서	개발지원팀	직급	팀장

세부 내역

지 급			공 제	
임금 항목		지급 금액(원)	공제 항목	공제 금액(원)
매월 지급	기본급	3,200,000	소득세	115,530
	연장근로수당	396,984	국민연금	177,570
	야간근로수당	16,541	고용보험	31,570
	휴일근로수당	99,246	건강보험	135,350
	가족수당	150,000	장기요양보험	15,590
	식대	100,000	노동조합비	15,000
격월 또는 부정기 지급				
지급액 계		3,962,771	공제액 계	490,610
			실수령액(원)	3,472,161

계산방법

구분	산출식 또는 산출방법	지급액(원)
연장근로수당	16시간×16,541원×1.5	396,984
야간근로수당	2시간×16,541원×0.5	16,541
휴일근로수당	4시간×16,541원×1.5	99,246
가족수당	100,000원×1명(배우자)+50,000원×1명(자녀 1명)	150,000

※ 가족수당은 취업규칙 등에 지급요건이 규정되어 있는 경우 계산방법을 기재하지 않더라도 무방

금품청산 연장동의서

소 속		성 명	
부서 및 직위		생년월일	
퇴직일			

상기 본인은 퇴직자로서 잔여 금품청산(퇴직금 등)에 대하여 20   .   .   . 까지 기간을 연장하여 청산하는 것에 동의합니다.

년   월   일

위 동의인   (서명)

(회사명) ○○○ **대표 귀하**

5장

퇴직관리

끝이 좋으면 모두가 좋다.

— 셰익스피어

01

근로관계의 종료!
처음만큼 중요한 마무리

"정년에 도달한 직원과 계속 함께 일하고 싶은데 어쩌죠?"

"직원이 갑자기 그만두었어요!"

"직원 퇴사로 손해를 입었는데 어떻게 해야 하죠?"

"직원 뽑는 일은 사장님 마음대로 하셔도 되지만, 내보내는 일은 마음대로 하시면 안 됩니다."

필자가 사업주들과 상담하면서 자주 하는 조언 중 하나입니다. 노동법 자체가 직원들을 보호하는 성격이 강하고, 특히 직원의 퇴직과 관련해서 더욱 엄격한 제한이 있기 때문입니다.

직원이 일하다가 사업체를 떠나는 이유는 다양하지만 크게 분류하면 다음 3가지로 분류할 수 있습니다.

첫째, 근로계약 당사자가 없어지는 경우입니다. 즉, 직원이 사망하거나, 사업체가 폐업하는 경우입니다.

둘째, 계약기간이 종료되는 경우입니다. 즉, 정년에 도달하거나, 계약 직직원의 근로계약기간이 끝나는 경우입니다.

셋째, 근로계약 당사자의 의지에 따른 사직입니다. 즉, 직원이 스스로 사직하거나, 회사 권유에 의해 사직하거나, 사업주의 인사조치로 인해 해고되는 경우입니다.

이와 관련하여 소규모 사업체에서 중요한 의미가 있는 정년제도와 사직, 손해배상청구를 중심으로 살펴보고, 해고와 관련해서는 별도로 자세히 살펴보겠습니다.

(1) 정년제도관리에도 중요한 포인트가 있습니다

자영업 및 소규모 제조·도소매회사 등에는 상대적으로 고령의 직원들이 많습니다. 젊은 직원들을 쓰고 싶어도 인력을 구할 수 없는 현실도 있습니다. 고령의 직원이 많은 소규모 사업체일수록 '정년제도'의 운용이 중요합니다.

① 정년이 정해지지 않으면 '영원히' 근로계약이 이어집니다

이론상 정년이 없는 경우 직원이 사망하거나 사업체가 없어지지 않는 한 근로관계는 끝나지 않습니다. 고령의 직원의 경우 신체적·정신적 능력이 갑자기 변화하여 업무능력이 떨어지게 되면 사업체 입장에서 근로계약관계 유지에 어려움을 겪을 수 있습니다. 특히 고령의 직원들은 경제적 이유로 일을 계속하려는 의지가 강하기 때문에 근로계약 종료와 관련하여 법적 분쟁이 발생할 소지가 많습니다. 따라서 사업체의 경영 상황 및 인력수급상황에 맞게 적정한 정년을 정해두는 것이 분쟁을 미연에 방지하는 측면에서 효과적입니다.

② 정년은 무조건 60세 이상으로 정해야 합니다

2017년 1월 1일부터 법적으로 모든 사업장에서 정년을 60세 이상으로 정하도록 의무화했습니다. 즉, 사업체 내부적으로 정년을 60세 미만으로 정하더라도 법적인 효력이 없으며, 60세 정년 규정이 강제적용됩니다.

관련 법조항

고용상 연령차별금지 및 고령자고용촉진에 관한 법률 제19조(정년)
① 사업주는 근로자의 정년을 60세 이상으로 정하여야 한다.
② 사업주가 제1항에도 불구하고 근로자의 정년을 60세 미만으로 정한 경우에는 정년을 60세로 정한 것으로 본다.

---

③ 정년제도를 도입하려면 회사의 규정(취업규칙 등)으로 정해두어야 합니다

사업주들 중에는 "우리 회사는 정년이 65세야. 규정은 없지만 옛날부터 쭉 그렇게 해왔어"라는 식으로 이야기하는 경우가 있습니다. 그런데 이 말은 결국 관행으로 정년제도를 운용해왔다는 의미가 됩니다. 하지만 정년과 관련된 법적 분쟁이 발생했을 때 관행으로 정년제도를 운용해왔다는 사실을 증명하기가 쉽지 않습니다. 따라서 정년제도를 도입하여 운용하려면 다음과 같이 정년을 60세 이상으로 한다는 규정을 공식적으로 정해둘 필요가 있습니다.

● **정년규정 작성 사례**

> ① 직원의 정년은 만 60세로 하고, 주민등록상 정년에 도달한 날이 속한 달의 말일로 한다.
> ② 회사는 업무의 특성과 직원의 업무수행능력에 따라 정년이 경과한 직원을 촉탁직 또는 계약직으로 채용할 수 있으며, 이 경우 새로운 근로계약을 체결한다.

④ 정년제도가 있는 경우 정년기간에 맞춰 일단 근로관계를 종료해야 합니다

정년기간이 정해져 있는 상태에서 정년 전에 정당한 이유 없이 직원을 내보내면 해고가 됩니다. 따라서 정년제도가 있는 경우 특별한 이유가 없다면 정년까지는 근로관계를 유지해야 합니다.

그럼 반대로 정년이 정해져 있는데도 정년이 된 직원을 정년퇴직 처리하지 않고 계속 근무하게 한다면 어떻게 될까요? 이런 경우 해당 직원은 정년제도를 적용할 수 없는 상태가 되며, 나중에 정년이 지났다는 이유로 사업주가 임의로 퇴직처리를 할 수 없게 됩니다. 만약 임의로 처리한다면 해고에 해당됩니다.

따라서 정년 이후 직원이 계속 일하기를 희망하는 경우라도 일단 정년퇴직 처리를 하는 것이 중요합니다. 즉, 일단 정년시점까지의 퇴직금을 정상적으로 지급하고, 4대 보험 상실신고를 하는 등 정상적으로 퇴직처리를 할 필요가 있습니다. 그리고 그 이후에 정규직이 아닌 계약직(보통 '촉탁직'이라고 함)으로서 근로계약을 다시 하는 방법이 좋습니다.

또한 이런 식으로 맺은 계약직 계약이 종료된 이후에도 해당 직원이 업무상 필요하다면 다시 계약직 근로계약을 갱신하는 방식으로 근로관계를 유지할 수 있습니다. 이때 해당 직원이 고령자(만 55세 이상)인 경우 계약직 근로계약을 2년 이상 계속 유지하더라도 정규직으로 전환되지 않으므로, 필요한 기간만큼 근로계약을 유지해도 크게 문제가 되지 않습니다 (56쪽 참조).

(2) 직원이 자기 마음대로 퇴사하는 것은 괜찮나요?

특별한 사정이 없는 한 직원은 큰 제약 없이 사업체를 그만둘 수 있습니다. 헌법에서 직업선택의 자유를 보장하고 있고, 근로기준법에서는 강제근로를 금지하고 있기 때문입니다.

사직(퇴직)은 일반적으로 직원이 사직의 의사를 표시하면 사업주가 그 의사를 받아들이는 형태로 이루어집니다. 사업주가 직원의 사직의사를 수용하는 경우 '합의'에 의해 정상적으로 근로관계가 종료됩니다.

그렇다면 사업주 입장에서는 직원이 그만둔다고 하면 무조건 처리해 주어야 할까요? 사업주 입장에서 직원이 그만두는 것을 막을 수는 없지만 일정 기간 내에서 사직처리시점을 결정할 수는 있습니다. 직원이 사업주와 협의 없이 갑자기 그만두는 경우에는 해당 직원이 사직통보를 한 날로부터 1개월 이후에 퇴직의 효력이 발생합니다.

다만 월급제 직원의 경우 해당 직원의 퇴직의사를 알게 된 당월 이후 1임금지급기를 경과한 후에 퇴직의 효력이 발생합니다. 예를 들어 매월 1일부터 말일까지를 임금산정기간으로 하는 사업체에서 일하던 직원이 갑자기 5월 3일에 퇴사한다면, 5월(당월)이 지나고 6월(1임금지급기)이 지난 7월 1일에 퇴직의 효력이 발생합니다. 즉, 사업주는 직원이 퇴직한 날부터 퇴직의 효력이 발생하는 7월 1일 사이에 퇴직처리를 할 수 있습니다.

일반적으로 사업체에서는 규정이나 근로계약을 통해 사직을 하기 전 30일 전에 사직서를 제출하거나 사직의 의사를 표시하도록 규정하고 있습니다. 만약 이런 규정이 없으면 실제 직원 사직 시 상황에 따라 원칙 없이 사직처리를 하는 혼란이 생길 수 있으므로 다음과 같이 가급적 1개월 범위 내에서 회사에 사직을 미리 알리는 기간을 정해두는 것이 좋습니다.

● **사직통보 관련 규정 작성 사례**

> 사직을 원하는 경우 퇴직일 이전 30일 전에 사용자에게 통보하여 승인을 받아야 하며, 만약 사전에 통보하지 않는 경우 무단결근으로 처리된다. 진행 중이거나 진행예정인 업무에 대하여 해당 업무가 완료될 수 있도록 업무 인수인계에 적극적으로 협조하여야 한다.

일부 사업체의 경우 사전 사직통보기간을 3개월 전, 6개월 전 등으로 너무 장기간으로 정해두기도 하는데, 이런 규정은 법적 효력이 없으므로 1개월 내의 적정한 기간으로 단축할 필요가 있습니다.

그렇다면 사직통보기간을 사전에 정해두면 어떤 점이 좋을까요?

첫째, 원활한 업무 인수인계를 위한 최소한의 기간을 확보할 수 있습니다. 갑자기 직원이 퇴사하려고 할 경우 해당 규정을 근거로 퇴사일자를 최대한 여유 있게 조정함으로써 업무공백을 최소화할 수 있는 기회를 확보할 수 있습니다.

둘째, 직원이 막무가내로 퇴사하는 경우 사업주는 사직통보기간을 '무단결근'으로 처리할 수 있습니다. 예를 들어 사업주에게 30일 전에 사직을 알려야 하는 규정이 있는데도 직원이 일방적으로 사직하겠다고 통보하고 그로부터 3일 만에 퇴사하는 경우 사업주는 해당 직원의 퇴사처리를 사직통보기간인 27일 후에 할 수 있습니다. 이 기간 동안 해당 직원은 무단결근 처리가 되며, 4대 보험 상실신고도 사직통보 이후 30일이 지나서 처리됩니다. 퇴직금 처리 역시 그만큼 지연되는 불이익이 있을 수 있습니다.

셋째, 손해배상청구의 근거가 될 수 있습니다. 직원의 갑작스러운 퇴사로 인해 사업주에게 손해가 발생하는 경우 사업주는 해당 규정위반을 근거로 손해배상청구를 할 수 있습니다.

현실적으로 직원이 갑자기 퇴사하더라도 강제로 다시 출근시키기는 어렵습니다. 따라서 위에서 설명했듯이 근로계약서에 직원들이 사전에 사직의사를 사업주에게 알리도록 하는 관련 내용을 명시할 필요가 있습니다. 또한 직원이 갑자기 퇴사하는 경우 감정적으로 출근을 강요하기보다 직원과의 협의를 통해 퇴사일자를 조정하는 등, 최소한의 업무 인수인계기간을 확보하도록 노력하는 것이 현실적으로 더 효과적인 경우가 많습니다.

(3) 직원에게 손해배상청구를 하고 싶어요!

"갑자기 퇴사한 직원 때문에 거래처가 끊겼어요! 손해배상청구를 하고 싶습니다."
"황당한 실수를 자주해서 회사에 끼친 손실이 이만저만이 아닌데 직원이 물어내야 하는 거 아닌가요?"

이런 억울한 마음을 갖고 있는 사업주들에게 필자가 하는 조언은 한결같습니다.

"손해배상청구는 하실 수 있지만 법적으로 인정받기는 거의 어렵습니다."

개인 대 개인 간의 관계에서 손해가 발생하면 당연히 손해를 배상해야 합니다. 하지만 사업주와 직원 간의 관계는 일반적인 개인 간의 관계와 달리 특수한 면이 많다고 생각됩니다. 직원은 사업주를 대신해 사업주를 위해서 일을 하는 개인으로 볼 수 있는데, 일을 하다가 발생한 손해에 대한 책임을 묻는다면 사업주가 사업주 자신에게 책임을 묻는 것으로 해석할 수 있습니다.

법적으로 보더라도, 손해배상이 인정되려면 직원이 회사에 고의나 중대한 과실로 손해를 발생시켰음을 입증해야 하고, 또한 손해가 어떻게 얼마나 발생했는지 실제로 입증해야 하는 현실적인 어려움이 있습니다.

사업주 입장에서 오죽하면 직원들에게 손해배상을 청구하려고 하는지 그 마음은 충분히 공감하지만, 경험적으로 보면 경제적·심리적인 소모만 있을 뿐 실익이 없는 경우가 대부분입니다. 특히 직원의 갑작스러운 퇴사로 인한 손해에 대해 손해배상청구를 생각하는 사업주들이 많은데, 소규모 사업체의 경우 손해에 대한 입증문제 등으로 손해배상이 인정되기가 더욱 어려운 점이 있습니다.

따라서 특별한 경우가 아니라면 직원에 대한 손해배상을 청구하기 전에 해당 직원과 협의를 통해 원만한 해결책을 찾는 방식이 더 효율적인 경우가 많습니다. 이와 함께 동일한 사안의 재발을 방지하는 조치(해당 직원에 대한 징계 및 업무절차개선 등)를 하는 것이 더 실질적이고 효과적인 방법이라고 생각됩니다.

다만 직원이 고의나 중대한 과실로 사업주에게 손해를 입힌 사실이 명백하고, 직장질서유지 차원에서 반드시 법적 조치가 필요하다고 판단된다면, 민·형사소송을 하기 전에 법률전문가의 의견을 들어보고 승소 가능성을 판단한 이후에 실행하는 것이 좋습니다.

최근 직원들의 무단퇴사로 인해 회사의 손해가 명백히 발생한 경우 법원이 작게나마 손해를 인정하는 판결이 나온 경우가 있습니다.

02

해고! 넌 오해의 끝판 왕이야!

"연봉계약이 끝났으니 해고해도 괜찮겠지요?"

"사업부가 없어졌는데 일하던 직원은 어찌해야 하나요?"

"직원과 합의해서 퇴직처리했는데 해고라고요?

"수습직원이니까 일 못하면 내보내도 상관없겠지요?"

"퇴직처리하고 한 달 월급 주면 되지 않나요?"

사업주 입장에서 직원과의 법적 분쟁은 피해야 하고, 또 피하고 싶은 일이기도 합니다. 그 중에서도 최악의 법적 분쟁을 꼽으라면, 필자는 단연코 '해고사건'이라고 말합니다.

임금, 퇴직금 등 금전과 관련된 부분은 법률적 판단이 어렵지 않은 경우가 많고, 결국 '금전 지급'으로 해결되는 경우가 많습니다. 하지만 해고사건의 경우 같은 상황을 두고 당사자 간의 주장이 완전히 달라 사실관계를 입증하기가 곤란한 경우가 많습니다. 또한 사건진행절차가 복잡해서 소규모 사업체의 사업주 입장에서는 스스로 사건처리를 하기가 어려운 경우가 많습니다. 그러다보니 해고사건 전문가인 공인노무사 등에게 일을 맡기는 경우가 많고, 그만큼 경제적 부담도 가중될 수밖에 없습니다.

결과적으로 사업주 입장에서 해고사건을 해결하려면 많은 시간과 적지 않은 비용이 들어갈 뿐 아니라, 사건처리과정에서 직원과 대립함으로써 발생하는 감정적 소모도 많습니다. 따라서 사업주 입장에서는 해고사건이 발생하지 않도록 미리 관리하는 방법이 최선이며, 어쩔 수 없이 해고사건이 발생했다면 최대한 신속히 해결하는 것이 좋습니다.

여기서는 해고와 관련된 개념과 주요 이슈에 대해 살펴보겠습니다.

(1) 근로계약기간 종료는 해고가 아닙니다

해고는 사업주가 직원에게 하는 일방적 의사표시입니다. 직원의 의사와 상관없이, 즉 직원은 계속 근무할 의향이 있음에도 불구하고 사업주가 어떠한 이유에 의해 일방적으로 근로관계를 종료하는 것이 해고입니다.

정규직과 달리 계약직의 경우 근로계약기간이 정해져 있습니다. 따라서 계약직직원의 근로계약기간이 종료되고 재계약을 하지 않는 것은 해고가 아닌 근로계약기간 종료입니다. 해고가 아니기 때문에 해고와 관련된 해고예고조치나 해고에 대한 서면통지의무와 같은 절차가 필요하지 않습니다.

다만 계약직직원 입장에서는 재계약을 희망할 수 있으므로, 만약 사업주가 재계약을 하지 않기로 결정했다면 해당 직원에게 미리 통지하여 이직 등을 준비할 시간을 주는 것이 도의적으로 바람직하다고 생각됩니다.

(2) 연봉계약기간과 근로계약기간은 전혀 다른 개념입니다

연봉계약은 1년 동안 지급할 연봉을 정하는 임금계약을 말합니다. 가끔 연봉계약과 근로계약을 혼돈하여 1년 단위로 연봉계약을 갱신하기 때문에 연봉계약 종료 후 재계약을 하지 않으면 정당하게 직원을 해고할 수 있다고 생각하는 경우(근로계약기간 종료로 생각하는 경우)가 있습니다. 하지만 연봉계약에서 말하는 기간은 해당 연봉을 적용하는 기간이 1년이라는 것이지, 1년 단위로 근로계약을 체결했다는 의미가 아닙니다. 만약 그런 의미라면 애초에 계약직 근로계약을 체결했어야 합니다.

따라서 정규직계약과 동시에 연봉계약을 1년으로 체결한 것을 이유로 근로계약을 종료하는 경우 해고에 해당되므로, 계약직계약과 정규직계약(연봉계약)을 정확히 구분하여 관리할 필요가 있습니다.

● **연봉계약기간 작성 사례**

> 20 년 월 일 ~ 20 년 월 일로 하되, 연봉계약기간 만료 30일 전까지 별도의 연봉계약 갱신이 없는 경우 동일한 조건으로 재계약한 것으로 본다. 다만 연봉의 적용시점 이후에 연봉계약이 체결되는 경우 그 적용시점으로 소급하여 연봉을 지급한다.

(3) 일부 사업이 폐지된다고 해서 관련 직원을 무조건 퇴직처리하면 부당해고에 해당될 수 있습니다

■ 사업종료 후 직원들과의 근로관계 사례

A사는 대형유통매장의 전산유지 보수업무를 3년간 위탁받아 운영하다가 해당 유통매장과의 계약이 종료되었습니다. 해당 매장에서 전산유지 보수업무를 하던 직원은 3명이었는데, 당장 일할 곳이 없어진 해당 직원들은 당연히 회사를 떠나야 하는 것일까요?

원청회사와의 계약종료, 신사업 실패로 인한 해당 사업부 폐지, 경영 축소로 인한 일부 사업 매각 등 사업체의 경영상황 변동에 따라 직원들과의 근로관계를 어떻게 처리해야 할지 문제가 되는 경우가 있습니다. 이런 경우 사업주 입장에서는 특정 사업을 수행하기 위해 채용한 직원들을 내보내야 하는 상황이 발생하는데, 이런 경우를 '경영상 이유에 의한 해고' 또는 '정리해고'라고 합니다. 하지만 이러한 정리해고는 근로기준법상 매우 엄격히 제한됩니다. 이러한 정리해고의 정당성을 인정받으려면 긴박한 경영상의 이유가 있어야 하며, 까다로운 법적 절차를 거쳐야 합니다.

하지만 현실적으로 위와 같은 절차를 모두 거쳐 합법적으로 정리해고를 할 수 있는 경우는 드뭅니다. 특히 소규모 사업체 입장에서 이러한 절차를 거쳐 합법적인 정리해고를 하기는 매우 어렵다고 생각됩니다.

근로기준법 제24조(경영상 이유에 의한 해고의 제한)

① 사용자가 경영상 이유에 의하여 근로자를 해고하려면 긴박한 경영상의 필요가 있어야 한다. 이 경우 경영 악화를 방지하기 위한 사업의 양도·인수·합병은 긴박한 경영상의 필요가 있는 것으로 본다.

② 제1항의 경우에 사용자는 해고를 피하기 위한 노력을 다하여야 하며, 합리적이고 공정한 해고의 기준을 정하고 이에 따라 그 대상자를 선정하여야 한다. 이 경우 남녀의 성을 이유로 차별하여서는 아니 된다.

③ 사용자는 제2항에 따른 해고를 피하기 위한 방법과 해고의 기준 등에 관하여 그 사업 또는 사업장에 근로자의 과반수로 조직된 노동조합이 있는 경우에는 그 노동조합(근로자의 과반수로 조직된 노동조합이 없는 경우에는 근로자의 과반수를 대표하는 자를 말한다. 이하 '근로자대표'라 한다)에 해고를 하려는 날의 50일 전까지 통보하고 성실하게 협의하여야 한다.

그렇다고 법적인 절차 없이 회사에 경영상의 어려움이 발생했다는 이유만으로 곧바로 직원들을 일방적으로 퇴사처리하면, 정당성이 없는 정리해고에 해당되어 부당해고가 됩니다.

따라서 어쩔 수 없이 회사의 직원을 축소해야 할 상황이 된다면, 직원들과의 협의를 거쳐 직원들 스스로 회사를 떠날 수 있도록 기회를 제공(일정액의 위로금 지급, 실업급여 처리 등)하고, 협의가 되지 않고 회사에 남고 싶어 하는 직원이 있다면 순환 무급휴직, 근무시간 단축 등 다양한 조치를 통해 고용을 유지하는 것이 좋습니다.

이와 관련하여 일부 사업주들이 "사업이 없어졌는데 어쩌란 말이냐?"

하고 하소연하는 경우가 있습니다. 하지만 그렇더라도 현행 노동법상 기업의 경영사정을 이유로 직원들을 함부로 해고하는 행위를 엄격히 금지하고 있다는 점을 고려해 정리해고는 신중 또 신중하게 처리해야 합니다.

(4) 권고사직과 해고는 닮은 듯 닮지 않았습니다

권고사직은 사업주가 퇴직을 권유하고 직원이 이를 받아들여 사직을 하는 것을 말합니다. 권고사직과 해고와의 차이는 '직원이 퇴직을 스스로 받아들인 것인가?'에 있습니다. 문제는 다음 사례와 같이 상황에 따라서 이 차이를 구분하기가 애매한 경우가 많다는 점입니다.

■ 권고사직일까? 해고일까?

커피숍을 운영하는 E 사장은 C 점장 때문에 힘이 듭니다. C 점장은 점장으로서 직원들을 잘 이끌어야 하는데, 독특한 업무스타일 때문에 직원들이 불만을 품고 퇴사하는 상황이 빈번하게 발생했습니다. 급기야 최근에는 직원들이 단체로 C 점장이 퇴사하지 않으면 모두 그만두겠다고 선언하는 상황에 이르렀습니다.

E 사장 : 몇 번 기회를 주었는데 도저히 함께하기가 어려울 것
같아요.

> C 점장 : 무슨 말씀이신지요? 저보고 나가라는 말씀이신가요?
>
> E 사장 : 안타깝지만 계속 함께하기가 어려울 것 같네요. 죄송합니다.
>
> C 점장 : 저도 한다고 한 건데, 직원들 편만 드시니 서운하네요.
>
> E 사장 : 이번 달까지 정리 부탁할게요.
>
> C 점장 : …
>
> E 사장 : 그럼, 받아들인 걸로 알겠습니다.
>
> C 점장 : …

사례의 E 사장은 C 점장이 자신의 부탁을 받아들인 것으로 알고, 그 달 말에 퇴직처리를 했습니다. C 점장도 E 사장과 대화한 이후 간간히 불만을 표시하기는 했지만, 그달 말까지 근무하고 더 이상 출근하지 않았습니다.

그런데 C 점장이 퇴사하고 나서 2개월이 지난 어느 날, E 사장은 지방노동위원회로부터 '부당해고 구제신청이 접수되었으니 이에 대한 답변서를 제출하라'는 공문을 받았습니다. C 점장이 부당해고 구제신청을 한 것이었습니다. C 점장이 권고사직을 받아들였다고 생각했던 E 사장은 어이없다는 반응을 보였고, C 점장은 권고사직을 받아들인 적이 없고 E 사장이 일방적으로 해고했다고 주장했습니다. 과연 누구의 말이 맞을까요?

이 경우 당사자들이 같은 상황을 다르게 인식하고 있기 때문에 어느

쪽 말이 무조건 맞는다고 하기가 어렵습니다. 다시 말해 해고인지 권고사직인지가 불분명합니다.

사업주 입장에서 가장 피해야 하는 상황이 바로 위의 사례처럼 불분명하게 처리한 권고사직의 결과가 해고사건으로 이어지는 경우입니다. 실제로 사업현장에서 이러한 불분명한 권고사직이 이후 법적 분쟁을 통해 부당해고로 인정되는 사례가 많습니다.

위의 사례처럼 직원에게 사업주의 의사를 분명히 전달하고 직원이 이를 받아들였다면 실무적으로 '사직서(266쪽 서식 참조)' 작성을 통해 사직의 이유가 '합의에 의한 권고사직'임을 분명히 하는 것이 중요합니다.

근로계약의 시작이 근로계약서라면, 근로계약의 마무리는 '사직서'입니다. 많은 사업주들이 사직서 작성을 중요하게 생각하지 않는 경향이 있는데, 안정적인 퇴직관리를 위해서는 반드시 사직서 작성을 통해 언제 어떤 사유로 근로관계가 종료되었는지를 분명히 해둘 필요가 있습니다.

(5) 수습직원은 계약직이 아니라 애초에 정규직으로 채용된 근로자입니다

해고사건 중 상당 부분이 '수습직원 해고'와 관련하여 발생하고 있습니다. 주요 이유는 많은 사업주들이 '수습기간 중 또는 수습기간 종료 후 평가를 통해 수습직원을 내보내도 괜찮다'라고 잘못 인식하고 있기 때문입니다. 즉, 사업주들이 '수습기간은 직원을 계속 쓸지 말지 테스트하는 기간'으로 오해하고 있는 것입니다.

하지만 이것은 수습제도를 잘못 이해해서 생기는 오해입니다. 수습직원은 채용 시에 이미 정식직원으로 채용한 직원입니다. 또한 수습기간은 수습직원이 업무를 습득할 수 있는 기회를 주는 기간입니다(그렇기 때문에 수습기간에는 최저임금의 90%까지 임금감액을 허용하고 있음). 따라서 수습기간 동안의 업무태도나 업무능력을 사업주가 주관적으로 판단해서 수습직원과의 근로계약을 일방적으로 종료하면 부당해고로 인정될 가능성이 매우 높습니다.

만약 신규직원이 우리 사업과 맞는지 반드시 사전 검증할 필요가 있다면 수습직원이 아닌 계약기간을 설정한 계약직직원으로 채용한 후 업무태도나 업무성과를 보고 정규직으로 전환하는 방식을 선택하는 것이 대안이 될 수 있습니다.

(6) 해고할 때 한 달 월급을 주면 문제없는 것 아닌가요?

"직원 내보내려면 한 달 월급 주면 되는 거 아닌가요?"

이런 질문을 하는 사업주들을 자주 만나게 되는데 맞는 말일까요?

이런 사업주들이 말하는 소위 한 달 월급이란 법률상 '해고예고수당'을 의미합니다. 근로기준법에서는 직원해고와 관련하여 '직원을 해고하려면 적어도 30일 전에 미리 예고'하도록 한 '해고예고제도'를 규정하고 있습니다. 이는 갑작스러운 해고에 대해 직원이 이직 등을 준비할 시간을 주는 최소한의 배려기간이라고 볼 수 있습니다.

근로기준법 제26조(해고의 예고)

사용자는 근로자를 해고(경영상 이유에 의한 해고를 포함한다)하려면 적어도 30일 전에 예고를 하여야 하고, 30일 전에 예고를 하지 아니하였을 때에는 30일분 이상의 통상임금을 지급하여야 한다. 다만 다음 각 호의 어느 하나에 해당하는 경우에는 그러하지 아니하다.

1. 근로자가 계속 근로한 기간이 3개월 미만인 경우
2. 천재·사변, 그 밖의 부득이한 사유로 사업을 계속하는 것이 불가능한 경우
3. 근로자가 고의로 사업에 막대한 지장을 초래하거나 재산상 손해를 끼친 경우로서 고용노동부령으로 정하는 사유에 해당하는 경우

또한 만약 해고예고기간을 주지 않거나, 해고예고기간이 30일이 되지 않으면 30일분의 통상임금(일반적으로 한 달 월급)을 지급하도록 규정하고 있는데, 이것이 바로 '해고예고수당'입니다.

이와 관련하여 주의할 점은 많은 사업주들이 해고예고를 30일 전에 하고도 사정에 따라 30일을 채우지 못하는 경우 일정 기간의 예고기간이 지났음에도 불구하고 (30일이 지나지 않아서) 해고예고수당을 모두 지급하는 사례가 빈번하게 발생하고 있다는 것입니다. 이러한 손실을 막기 위해서라도 해고예고를 하는 경우에는 30일의 기간을 반드시 준수할 필요가 있습니다.

하지만 사업체환경에 따라서는 현실적으로 해고예고를 한 직원과 한 달을 함께 근무하기가 불편한 경우가 많습니다. 이런 경우에는 직원과

협의를 통해 30일의 해고예고기간을 부여하는 대신 해고예고수당(30일분의 임금)을 지급하는 것이 직원관리 측면에서 더 효율적일 수 있습니다. 이런 식으로 사업체의 상황을 고려하여 해고예고수당 지급과 해고예고기간 부여 중 어느 쪽이 좋을지 합리적으로 선택할 필요가 있습니다.

이와 관련하여 사업주들이 가장 잘못 이해하고 있는 내용이 앞서 이야기한 해고예고수당을 지급하면 해고가 가능하다고 생각하는 것입니다. 하지만 해고예고는 해고에 대한 '절차'이지 해고조치의 '정당성' 여부와는 상관이 없습니다. 즉, 한 달치 급여를 준다고 해서 무조건 해고의 정당성이 인정되지는 않습니다. 반대로 해고를 한다고 해서 무조건 한 달치 급여를 지급해야 하는 것도 아닙니다. 즉, 해고예고기간을 준수하고, 정당한 해고인 경우 직원에게 의무적으로 지급해야 하는 금품은 없습니다. 따라서 직원에게 해고를 통보할 경우 해고예고조치와 해고의 정당성 여부는 별도로 구분해서 생각해야 합니다.

폐업을 하는 경우에도 직원들에게 미리 이직을 준비할 시간을 준다는 의미에서 해고예고는 해야 합니다. 반대로 근로계약기간이 만료되는 경우나 자발적인 퇴사의 경우에는 해고가 아니므로 30일 전에 해고예고를 할 필요가 없습니다.

또한 최근 법률개정에 따라 직원의 '계속 근무기간이 3개월 미만'인 경우에는 해고예고 의무가 없습니다. 다만 이러한 개정사항은 해고예고를 할 필요가 없다는 의미이지, 해고가 무조건 정당하다는 것을 의미하지는 않는다는 사실에 주의해야 합니다.

(7) 해고는 반드시 서류로 전달해야 합니다

"이렇게 일할 거면 때려 치세요!"
"내일부터 나오지 마세요!"
"쭉 쉬세요!"
"사직서 쓰고 사무실에서 당장 나가주세요!"

사업주들이 직원들에게 해고를 통보할 때는 직접적인 대화, 문자, 이메일 등 다양한 방법이 사용될 수 있습니다. 하지만 해고의 통보는 반드시 '서류(267쪽 서식 참조)'로 하도록 규정되어 있습니다. 더불어 해고통지 서류에는 반드시 '해고의 이유와 해고일자'를 기입해야 합니다.

만약 해고통보를 서류로 전달하지 않거나, 해고의 이유나 해고일자 중 하나라도 기입하지 않으면 해고사유의 정당성과 관계없이 해고절차 위반에 해당되어 정당한 해고로 인정받지 못합니다.

다만 앞서 살펴본 해고예고의 경우 반드시 서류로 전달할 필요는 없지만, 해고예고 통지 시 해고의 사유와 시기를 기입하여 서류로 전달하면 해고통지절차를 준수한 것으로 인정받을 수 있습니다. 따라서 해고예고 시 서면형식으로 해고통보를 하는 방법이 효율적입니다.

근로기준법 제27조(해고사유 등의 서면통지)
① 사용자는 근로자를 해고하려면 해고사유와 해고시기를 서면으로 통지하여야 한다.
② 근로자에 대한 해고는 제1항에 따라 서면으로 통지하여야 효력이 있다.
③ 사용자가 제26조에 따른 해고의 예고를 해고사유와 해고시기를 명시하여 서면으로 한 경우에는 제1항에 따른 통지를 한 것으로 본다.

(8) 해고는 최후의 수단 : 법률상 정당한 해고로 인정받기가 쉽지 않습니다

"이정도 이유라면 당연히 해고할 수 있는 거 아닌가요?"

"직원이 이렇게까지 했는데도 해고할 수 없다는 게 말이 됩니까?"

"무조건 참으라고요?"

상담을 하다보면 사업주들이 직원들의 잘못된 행동과 어쩔 수 없는 회사상황 등을 들어가며 직원들을 해고할 수밖에 없다는 입장을 설명하는 경우가 많습니다. 상식 밖의 행동을 반복하는 직원, 업무수행이 불가능할 정도로 무능한 직원, 일부러 사업주를 골탕 먹이려는 직원, 심지어 일부러 해고를 당해 금품을 받으려는 직원까지 있다는 사실을 너무나 잘 알기에 사업주들의 마음에 공감을 많이 하게 됩니다. 그럼에도 불구하고 필자가 "당연히 해고가 가능할 것 같네요. 그렇게 처리하세요!"라고 시원하게 이야기하지 못하는 경우가 많습니다.

필자가 해고를 마지막 수단으로써 신중하게 생각해야 한다고 조언하는 이유는 다음 2가지입니다.

첫째, 해고는 직원과 사업주 모두에게 큰 악영향을 미치기 때문입니다. 직원이 사업주로부터 해고를 당하게 되면 자신이 사업체나 사업주로부터 부정당한 것으로 인식하게 되어 심리적으로 큰 충격을 받게 됩니다. 실제로 필자가 해고당한 직원들과 상담해보면 경제적인 이유보다 심리적 충격이나 배신감 등으로 매우 힘들어하는 경우가 많습니다.

반대로 사업주 입장에서도 단순히 해고사건이라는 노동분쟁으로 끝나지 않고 다양한 법적 문제(민·형사소송, 세무조사, 소방 및 위생 등 사업 관련 공공기관 신고 등)로 확대되는 경우가 의외로 많습니다. 마음을 다친 직원이 여러 공공기관에 진정 및 고발을 하는 사례도 많고, 심지어 각종 민원 제기를 사업주와의 협상에 적극적으로 악용하는 사례도 있습니다.

사업주들 역시 이에 맞서 업무방해 등의 이유로 해당 직원에 대한 민·형사소송을 진행하는 경우가 많아서 사건해결이 더욱 어려워지기도 하며, 예기치 못한 결과가 발생하여 사업주에게 엄청난 피해를 끼치기도 합니다. 이러한 이유로 해고사건은 애초에 발생하지 않도록 철저히 관리하는 것이 좋으며, 해고사건이 일어나더라도 신중하고 빠르게 처리해야 합니다.

둘째, 해고처분 자체의 정당성을 인정받기가 어렵기 때문입니다. 법적으로 해고의 정당성을 인정받으려면 해고의 '사유'와 '절차'가 모두 정당해야 합니다. 근로기준법에는 해고의 사유에 대해 '정당한 이유'가 있어야 한다고 규정되어 있는데, 이 정당한 이유는 포괄적 개념으로 실무 상 입증하기가 쉽지 않습니다.

사업주가 생각하는 해고의 정당한 이유와 법률에서 판단하는 정당한 이유는 다릅니다. 법에서는 해고를 '최후의 수단'으로 인식합니다. 즉, 직원이 어떤 잘못된 행위를 했더라도 해고조치는 사업주가 최후의 수단으로 선택해야 한다고 보는 것입니다. 특히 직원의 비위행위에 대해 해고조치가 아닌 감봉이나 정직 등 단계나 낮은 징계조치가 적당하다고 판단하는 경우가 많습니다. 결과적으로 '직원의 잘못은 인정하지만 해고조치는 과하다'라고 판단하는 것입니다.

해고를 결정하는 절차에 있어서도 최소한 당사자의 이야기를 들어보는 소명의 기회를 제공해야 함은 물론, 사전에 서면으로 해고통보를 하는 절차를 반드시 준수해야 합니다.

지금까지 살펴보았듯이 대기업처럼 인사제도가 잘 갖추어지지 않은 소규모 사업체 입장에서 해고처분의 정당성을 인정받기는 쉽지 않습니다. 법의 눈높이에서 인정할 수 있는 정당한 해고사유가 있어야 하고, 해고절차도 완벽히 준수해야만 정당한 해고로 인정받을 수 있기 때문입니다. 물론 사업주에 대해 불법적인 행위를 하거나, 사업체의 운영을 의도적으로 방해하는 직원들처럼 해고가 불가피한 경우에는 당연히 해고처분을 하는 것이 사업체를 위해서나 선량한 다른 직원들을 위해 필요합니다. 다만 어떠한 상황에서든 해고조치는 신중히 결정해야 하고, 어쩔 수 없이 해고를 해야 한다면 해고의 서면통지 등 사전에 해고절차를 철저히 준수해야 합니다. 또한 혹시 발생할지 모를 법적 분쟁에 대비해 해고

사유의 정당성을 입증할 만한 자료를 확보하는 등의 준비가 필요합니다.

해고조치를 결정한 경우에도 절대로 감정적으로 대응하면 안 됩니다. 가능한 한 직원과 권고사직 형태로 사직할 수 있는지 협의해보고, 그것이 불가능하다면 노무사로부터 법률자문을 받아서 해고조치가 노동분쟁으로 이어지지 않도록 예방하는 조치가 선행되어야 합니다.

(9) 해고사건의 진행절차가 어떻게 되나요?

해고예고수당 미지급에 대한 판단은 고용노동부에서 하지만, 해고조치가 정당한지 부당한지를 판단하는 기관은 고용노동부가 아닌 '노동위원회'입니다. 상시근로자 수 5인 이상 사업장에서 근무하던 직원이 부당한 해고를 당했다고 생각하면 이를 구제받기 위해 지방노동위원회에 '부당해고 구제신청'을 하게 됩니다.

이런 신청이 접수되면 각 '지방노동위원회'에서 초심을 진행하고, 직원이나 사업주가 초심결정에 불복하는 경우 세종시에 있는 '중앙노동위원회'에서 재심을 진행하게 됩니다.

해고사건은 일반 소송과 유사한 절차를 거치기 때문에 사건처리를 위해서는 전문가의 조언을 받거나, 사건 자체를 위임하는 방법을 고려하는 것이 좋습니다.

부당해고로 인정되면 해고기간 동안의 임금을 모두 지급해야 하며, 해당 직원을 원래 있던 자리로 복직시켜야 합니다. 즉, 해고 이전 상태로 돌려놓는 조치를 해야 합니다. 다만 해당 직원이 원직복직을 원하지 않는 경우 금전보상신청을 통해 금전만 보상받고 사건이 종료되는 경우도 있습니다.

소규모 사업체에서는 원직에 복직하는 경우보다는 직원이 해고기간 동안의 임금을 지급받고 사건이 종결되거나, 사건진행 중에 상호간 합의로 끝나는 경우가 많습니다. 사업주 입장에서 부당해고로 인정될 가능성이 높다고 판단되거나, 해고사건의 신속한 해결을 원한다면 사건진행 중이라도 당사자 간 원만한 합의를 통해 사건을 최대한 빨리 해결하려는 노력이 중요합니다.

관련 법조항

근로기준법 제28조(부당해고 등의 구제신청)
① 사용자가 근로자에게 부당해고 등을 하면 근로자는 노동위원회에 구제를 신청할 수 있다.
② 제1항에 따른 구제신청은 부당해고 등이 있었던 날부터 3개월 이내에 하여야 한다.

근로기준법 제30조(구제명령 등)
③ 노동위원회는 제1항에 따른 구제명령(해고에 대한 구제명령만을 말한다)을 할 때에 근로자가 원직복직(原職復職)을 원하지 아니하면 원직복직을 명하는 대신 근로자가 해고기간 동안 근로를 제공하였더라면 받을 수 있었던 임금 상당액 이상의 금품을 근로자에게 지급하도록 명할 수 있다.

해고예고 관련 규정은 모든 사업장에서 준수해야 하지만, 해고의 정당성을 다투는 노동위원회의 부당해고 구제신청사건의 대상은 상시근로자 수 5인 이상 사업장만 해당됩니다. 즉, 상시근로자 수 5인 미만 사업장의 경우 해고의 제한규정이 적용되지 않습니다.

'우리 같은 영세한 업체에서 그렇게까지 해야 해?'라는 생각으로 해고를 쉽게 결정하는 사업주들이 있습니다. 하지만 해고를 당하면 경제적·심리적으로 큰 피해를 입게 되는 직원들의 입장을 헤아려 해고는 최후의 수단으로 생각하기를 바랍니다. 만약 신중히 생각하고 또 생각해도 해고할 수밖에 없다고 결정했다면 법적 분쟁에 대비한 철저한 사전준비를 통해 피해를 최소화하는 노력이 필요합니다.

사 직 서

소 속		성 명	
직 위		생년월일	
사직일		업무인수자	(서명)

1. 본인은 (_____) 사유로 상기 사직일에 사직하고자 하오니 허락하여 주시기 바랍니다.

2. 본인은 퇴직에 따른 업무인계를 업무인수자에게 철저히 하고, 최종 퇴사 시까지 책임과 의무를 다하겠습니다.

3. 퇴직에 따라 반환해야할 물품은 퇴직일에 모두 반환하겠습니다.

   〔반환물품 내역 :   〕

4. 재직 중 업무상 고의 또는 중대한 과실로 인해 회사에 손해를 끼친 경우 근로계약 및 관련규정에 따라 퇴직 후에라도 민·형사상, 행정상 책임을 질 수 있음을 인식하고 있습니다.

5. 본 사직서는 본인의 자유의사로 작성되었음을 확인하며, 이와 관련하여 이후 이의제기하지 않겠습니다.

년   월   일

제출인   (서명 또는 인)

(회사명) ○○○ 대표 귀하

해고 서면 통지서

부서명		직위	
성명		생년월일	
해고일자			
해고사유			
내용	위 사유에 의해 명시된 일자에 귀하와 당사와의 근로관계가 종료되는 바, 해고를 통보하오니 본 해고통지 수령 이후 회사의 지급품 반납 및 업무인수인계에 만전을 기해주시기 바랍니다.		

위와 같이 해고를 서면 통지합니다.

20   년   월   일

(회 사 명) 대표   (인)

6장

4대 보험, 산업재해, 취업규칙 등

인간은 인생의 방향을 결정할 규칙을 가지고 있어야 한다.

– 존 웨인

01

4대 보험 : 쉬운 듯 쉽지 않은 4대 보험 관리

직원 개인사정으로 4대 보험에 가입하지 않은 사례

호프집을 개업한 H 사장은 2명의 직원 A, B를 채용했습니다. 그런데 두 직원은 모두 개인사정을 들어 4대 보험에 가입하지 않겠다고 이야기합니다.

H 사장 : 함께 일하게 되어 기쁩니다. 근로계약서 작성은 끝났고, 4대 보험은 어떻게 할까요?

A 직원 : 저는 남편이 회사를 다녀서 4대 보험 가입이 필요없습니다.

B 직원 : 4대 보험료를 사장님이 내주시면 몰라도 월급에서 공제하는 거라면 저는 가입하지 않겠습니다.

H 사장 : 알겠습니다. 그럼 가입하지 않을 테니 필요할 때 이야기하세요. 그때 가입하겠습니다.

혹시 위의 대화가 익숙한가요? 그렇다면 4대 보험(고용보험, 산재보험, 건강보험, 국민연금)에 대해 오해하고 있거나 관리상 문제가 있을 확률이 높습니다. 직원에 대한 4대 보험 가입은 사업주나 직원이 선택할 수 있는 사항이 아닙니다. 4대 보험은 가입기준에 부합하는 직원은 무조건 의무적으로 가입해야 하는 사회보험이기 때문입니다.

직원관리체계가 잘 잡힌 기업은 4대 보험 관리가 크게 문제되지 않습니다. 법에서 정한 기준에 따라 직원이 입사하면 임금에 맞추어 4대 보험 가입을 신고하고, 퇴사하면 상실처리하는 등 정상적으로 관리하고 있기 때문입니다.

하지만 소규모 사업체, 특히 자영업의 경우 4대 보험 관리를 법적 기준과 달리 사업체환경이나 직원의 선택에 따라 운용하고 있는 것이 현실입니다. 이와 같이 소규모 사업체의 경우 4대 보험에 대해 잘못 알고 있는 사실이 많고, 실제로 잘못 처리하여 곤란을 겪는 경우도 많다는 점에서 4대 보험과 관련하여 주의해야 할 사항들을 살펴보겠습니다.

(1) 4대 보험 가입은 사업주나 직원이 선택하는 것이 아닙니다

실제 자영업이나 직원이 많지 않은 사업체에서 근무하는 직원들의 경우 '신용불량자여서', '기초연금을 받고 있어서', '4대 보험료를 공제하지 않고 급여를 더 타고 싶어서', '가족이 4대 보험에 가입되어 있어서' 등 다양한 개인 상황을 이유로 4대 보험 가입을 꺼리는 경향이 많습니다.

사업주 입장에서 사업운영에 꼭 필요한 직원이 굳이 4대 보험에 가

입하지 않겠다고 하면 현실적으로 가입을 강제할 방법이 마땅치 않습니다. 또한 사업주도 직원이 4대 보험에 가입하면 4대 보험료를 분담해야 하기 때문에 경제적 부담이 있기도 합니다.

하지만 직원이 원하지 않는다고 해서 4대 보험에 가입하지 않으면 사업주 역시 그와 관련된 법적 책임을 부담하게 됩니다. 즉, 4대 보험 미가입에 대한 과태료가 부과되며, 직원에게 산업재해가 발생했을 때 추가적 부담이 생길 수 있습니다. 또한 직원을 권고사직처리 했을 때 실업급여를 받게 처리해줄 수도 없으며, 4대 보험 관리기관의 조사를 통해 과거 미가입한 기간 중 최대 3년간의 4대 보험료를 추징당할 수 있습니다.

■ 정규직원 이외에 4대 보험 가입을 하지 않은 식당 사례

아래 대화는 필자가 실제 한 식당의 대표와 직원 4대 보험과 관련하여 상담한 사례입니다.

필자 : 현재 식당에서 일하는 직원이 몇 명이나 되나요?

대표 : 3명입니다.

필자 : 규모가 이렇게 큰데 3명이라고요? 얼핏 유니폼 입은 직원 수만 해도 7명은 넘어 보이는데요?

대표 : 아, 전체 직원은 10명 정도인데, 4대 보험에 가입한 직원이 3명이란 뜻입니다.

필자 : 그럼 나머지 7명은 직원이 아닌가요?

대표 : 3명은 정직원이어서 4대 보험에 가입했는데, 나머지 7

명은 일용직직원으로 처리하고 있어서 4대 보험에 가입하지 않았습니다.

필자 : 나머지 7명의 근무시간이 정직원에 비해 짧거나 임시직인가요?

대표 : 사실 정직원과 크게 차이는 없습니다. 보통 1년 넘게 일하면 정직원으로 전환하고 있고요.

위 사례와 같이 정규직원만 4대 보험에 가입하는 것으로 생각하는 사업주들이 있습니다. 하지만 각 4대 보험별로 가입기준에 해당하면 가입해야 하는 것이 4대 보험 가입의 원칙입니다. 즉, 아르바이트직원이나 일용직직원이라도 일정 시간, 일정 기간 근무해서 가입기준을 충족하면 의무적으로 4대 보험에 가입해야 합니다.

또 "정규직원이 되면 4대 보험에 가입해준다", "우리는 직원들에게 4대 보험에 가입시켜준다"라고 표현하는 사업주들이 있습니다. 4대 보험 가입을 일종의 근무조건으로써 직원들에게 주는 혜택이라고 생각하는 것입니다. 물론 사업주도 직원 4대 보험에 대한 사업주 부담금을 내기 때문에 그렇게 생각할 수도 있습니다. 하지만 앞에서 살펴본 대로 4대 보험은 사업주나 직원이 가입 여부를 선택하는 것이 아니라, 가입기준에 해당되면 당연히 가입해야 하는 것이기 때문에 직원에 대한 혜택으로 보기는 어렵습니다. 따라서 직원의 4대 보험 가입이 선택이라고 생각하는 태도는 바람직하지 않으며, 원칙적으로 처리할 필요가 있습니다.

만약 현재 사업체 상황이나 직원의 개인 상황으로 인해 모든 직원에 대한 4대 보험 가입이 여의치 않다면, 최대한 많은 직원을 정상적으로 4대 보험에 가입시키는 방향으로 관리해나가는 노력이 중요합니다.

4대 보험 가입기준은 원칙적으로 '모든 근로자'입니다. 다만 고용보험과 국민연금의 경우 직원의 나이에 따라 가입이 제한되기도 합니다. 또한 1개월 미만 고용되거나, 1개월간 60시간 미만 근무하는 직원은 보험별로 적용이 제외되는 경우가 있습니다. 이처럼 단기간 또는 단시간 근무하거나, 나이에 따라 일부 4대 보험의 가입이 제외되는 경우가 있지만, 대부분의 직원들이 4대 보험 가입대상이 된다고 생각하면 됩니다.

4대 보험 가입대상 등에 대한 문의사항은 다음과 같이 각 사회보험별 관리기관을 통해 안내받을 수 있습니다.

- 고용보험, 산재보험 → 근로복지공단
- 국민연금 → 국민연금공단
- 건강보험 → 국민건강보험공단

또한 사업체에서 직접 4대 보험 관리를 하기 어려운 경우 4대 보험 관리 전문가인 공인노무사에게 위탁하여 관리 받을 수 있습니다.

(2) 4대 보험 가입에 따라 직원의 신분이 달라지지는 않습니다

간혹 4대 보험 가입 여부를 직원관리의 기준으로 삼는 사업체들이 있습니다. 하지만 4대 보험 가입 여부가 직원의 근무조건이나 신분을 구분

짓는 기준이 될 수는 없습니다. 즉, 4대 보험에 가입한 직원에게만 퇴직금을 지급한다거나, 4대 보험 미가입자와는 근로계약서를 쓰지 않는 등 4대 보험 가입을 기준으로 직원을 구분 짓는 것은 잘못된 직원관리방식입니다. 4대 보험 가입 여부와 상관없이 직원관리는 근로계약에 따라 정상적으로 운용되어야 합니다.

(3) 4대 보험료는 그냥 내는 것이 아니라 관리가 필요합니다

4대 보험료는 기본적으로 근로자와 사업주가 50%씩 부담하며, 고용보험료 일부와 산재보험료는 사업주만 부담합니다. 업종에 따라 차이가 있지만 4대 보험료는 근로자 기준임금의 대략 10%를 근로자와 사업주가 각각 부담합니다. 이렇듯 사업주 입장에서 4대 보험료도 인건비 측면에서 큰 부담이 될 수 있기 때문에 효율적인 관리가 필요합니다.

임금에 대해 설명할 때 살펴보았듯이(166쪽 참조) 식대, 보육수당, 차량유지비, 연구수당 등은 해당 요건을 갖추는 경우 4대 보험료 계산 시 기준금액에서 제외되어 해당 금액만큼 4대 보험료가 부과되지 않습니다. 필자가 사업체들의 임금관리현황을 검토하다보면 이런 비과세수당을 적용할 수 있다는 사실을 모르는 경우가 종종 있습니다. 비과세요건에 해당하는 이런 수당들을 꼼꼼히 챙겨보면 4대 보험료를 생각보다 많이 절약할 수 있습니다.

특히 식대(2023년 1월부터 적용) 및 보육수당(2024년 1월부터 적용)의 비과세한도가 확대(10만 원→20만 원)되어 이를 적극적으로 활용할 필요가 있습니다.

다음으로 정부에서 영세사업장의 4대 보험 가입을 촉진하기 위한 지원정책으로 시행하고 있는 '두루누리 사회보험료 지원사업'을 눈여겨볼 필요가 있습니다. 이 사업의 지원대상은 상시근로자 수 10인 미만 사업장이며 정부정책에 따라 지원내용이 변경됩니다. 일반적으로 최저임금 인상이나 고용안전망 확충을 위해 지원대상이나 지원내용이 확대되는 경향이 있으므로 지원대상이 된다면 꼼꼼히 챙겨 4대 보험료(고용보험 및 국민연금 대상) 지출을 줄여보기 바랍니다.

(4) 직원의 4대 보험료를 대신 내주는 것은 신중히 결정해야 합니다

직원들이 4대 보험 가입을 꺼리다보니 직원이 내야 할 4대 보험료를 사업주가 대신 내주는 경우가 있습니다. 또한 중소규모 병원의 경우 소위 'NET 금액'이라고 하여 4대 보험료와 근로소득세를 병원에서 모두 부담하는 방식도 있습니다. 일반적으로 월 급여가 250만 원이라면, 보통 해당 월 급여에서 4대 보험료 중 직원부담분과 세금을 원천징수하여 세후 금액을 지급하게 됩니다. 그런데 병원 등에서 활용하는 NET 방식은 통장에 입금되는 금액을 월 급여 전체인 250만 원으로 하기 때문에 결과적으로 4대 보험료와 세금을 사업주가 부담하게 됩니다.

이러한 방식이 불법이거나 잘못된 것은 아니지만 좋은 방식은 아니라고 생각됩니다. 우선 임금제도를 NET 방식으로 운용하는 경우 퇴직금 계산기준에 대한 혼란이 생길 수 있습니다. 예를 들어 세후 월급이 250만

원인 경우 1년간의 퇴직금을 250만 원으로 해야 할지, 세전 금액(250만 원 +직원의 4대 보험료 및 세금)으로 해야 할지 기준이 모호해집니다.

또한 사업주 입장에서는 직원의 4대 보험료를 대신 지급해주면서도 (즉, 실제로 부담하는 인건비가 많으면서도) 직원들로부터 그런 사실을 인정받지 못하는 현실적인 문제도 있습니다.

따라서 특별한 이유 없이 그저 과거 관행에 따라 직원의 4대 보험료를 대신 내주고 있다면 직원들과 충분히 협의해서 4대 보험 관리방법을 변경하기를 추천합니다. 이것이 퇴직금분쟁을 최소화하고 최저임금 인상에 따른 4대 보험 관리상의 혼란을 줄이는 방법이라고 판단됩니다.

이밖에 근로계약 시 직원의 퇴직금을 대신하여 직원이 부담해야 하는 4대 보험료를 대신 내주기로 약정하는 경우도 있는데, 이는 법적 효력이 없는 약속입니다. 앞서 살펴보았듯이 퇴직금은 퇴직해야 비로소 발생하는 후불적 임금으로, 당사자 간 약정으로 미리 지급하는 방식은 인정되지 않습니다. 따라서 직원과 퇴직금을 미리 지급하기로 약정했더라도 퇴직 후에 해당 직원이 사업주에게 퇴직금을 청구하면 지급해야 합니다. 해당 내용에 대한 별도의 약정서류가 있더라도 이는 민사적인 효력만 있으므로 재판을 통해서만 돌려받을 수 있습니다. 하지만 현실적으로 소송을 통해서도 돌려받기가 쉽지 않으므로 퇴직금 대신 4대 보험료를 내주는, 소위 '퉁'치는 약정은 절대 하지 않아야 합니다.

개인사업자 및 소규모 사업주들을 위한 임금·인사·노무관리

(5) 실업급여! 내 돈 아니라고 함부로 처리해주면 큰일 납니다

    실업급여는 일정한 요건을 갖춘 경우, 국가가 실업상태인 근로자에게 지급하는 급여를 말합니다. 실업급여는 크게 구직급여와 취업촉진수당으로 구분됩니다. 다만 통상적으로 구직급여를 실업급여라고 하기 때문에 여기서는 구직급여를 실업급여로 표현하겠습니다.

    실업급여를 받기 위해서는 다음 조건들을 충족해야 합니다.

    첫째, 사업체를 그만둔 이유가 권고사직 등 '비자발적'이어야 하며, 이직일 이전 18개월 중에서 180일 이상 고용보험에 가입되어 있는 상태여야 합니다. 가끔 180일을 채운다고 하여 딱 6개월만 근무하고 실업급여를 청구하는 경우가 있는데, 토요일이 무급인 경우 토요일은 일수계산에서 제외되므로 최소한 7개월 정도는 근무해야 안정적으로 실업급여 수급조건을 채울 수 있습니다.

    둘째, 실업급여 제한사유에 해당되지 않아야 합니다. 즉, 자발적으로 직장을 그만두는 경우에는 실업급여를 받을 수 없습니다. 다만 자발적으로 이직하는 경우에도 사업주의 임금체불이 있거나, 직원의 이사 또는 사업장 이전으로 출퇴근이 어려워진 경우, 가족의 병간호, 정년이나 계약기간 만료 등의 사유가 있으면 실업급여를 받을 수 있습니다. 따라서 퇴직 처리 전에 먼저 사업장 관할 고용지원센터에 실업급여 수급사유에 해당되는지 여부를 확인해보는 것이 좋습니다.

■ 자발적 퇴사자가 실업급여를 받게 해달라고 요구하는 사례 ■

중식당을 운영하는 K 사장은 3년간 일하다가 자발적으로 퇴사하는 T 직원으로부터 실업급여를 받게 조치해달라는 요청을 받았습니다.

T 직원 : 월급에서 꼬박꼬박 4대 보험료를 냈으니까 실업급여를 받을 수 있게 해주십시오.

K 사장 : 스스로 그만두는 거라서 실업급여를 탈 수 있을지 모르겠네요…

T 직원 : 신청하면 그냥 다 주던데요. 사장님이 주시는 것도 아닌데 실업급여를 받을 수 있게 처리 좀 해주세요.

K 사장 : 그렇기는 하지만…

T 직원 : 왜 이러세요. 전에 나간 직원들은 다 해주셨으면서… 저만 안 해주시면 고용노동부에 저만 안 해 준다고 신고할 거예요!

K 사장 : 그래요 그럼, 알아보고 처리해줄게요.

위 사례와 같이 자발적으로 퇴사하는 직원이 사업주에게 실업급여를 받을 수 있게 도와달라고 요구하는 경우가 있습니다. 실업급여 수급사유는 경영상 이유 등으로 직원이 비자발적으로 퇴직하는 경우에만 해당되는 데도 불구하고, 이런 식으로 직원이 요구해서 또는 사업주가 관행적으로 퇴직하는 직원에게 무조건 실업급여를 받을 수 있도록 소위 '권고사직' 처리해주는 경우가 많습니다.

하지만 이는 법적으로 실업급여 '부정수급'을 직원과 사업주가 공모하는 행위에 해당되므로 사업주도 직원이 받는 부정수급액에 대해 연대하여 책임을 지고 벌금을 부과 받을 수 있습니다. 최근 고용노동부에서는 이러한 부정수급을 근절하기 위해 조사와 단속을 강화하고 있으므로, 실업급여는 수급사유에 해당되는 경우에만 정상적으로 처리해야 합니다.

'내 돈 아닌데 도와주면 좋지!'라는 마음으로 실업급여 처리를 남발하다 보면 퇴직하는 모든 직원이 이를 당연하게 받아들이게 됩니다. 그러다 보면 나중에 사정상 실업급여 처리를 못해 주는 직원이 생겼을 때 해당 직원이 '왜 다른 직원은 해주는데 나는 못 받게 하느냐?' 하며 반발하는 상황이 발생할 수 있습니다. 또 퇴직하는 직원에 대해 실업급여 처리를 남발하다 보면 고용노동부로부터 조사를 받거나 경고를 받게 되어 실업급여 수급처리에 제한을 받게 될 수도 있습니다. 이러면 사업주 입장에서 이러지도 저러지도 못하는 상황에 처할 수도 있으므로 애초에 실업급여는 수급사유가 되는 경우에만 처리해주는 방향으로 관리해야 합니다.

만약 지금까지 관행적으로 실업급여 처리를 해주었다면, 직원들에게 앞으로는 실업급여 처리를 정상적으로 관리하겠다고 사전에 고지하고 양해를 구할 필요가 있습니다.

실업급여는 고용보험에 가입해야 받을 수 있습니다. 그렇다면 고용보험에 가입하지 않은 근로자는 실업급여 수급사유가 되더라도 실업급여를 받을 수 없을까요? 이런 경우에도 실제 일을 했다는 것을 증명하고 고용보험을 소급해서 가입하면 실업급여를 받을 수 있습니다.

실무상 드물게 발생하기는 하지만, 처음에 스스로 4대 보험에 가입하지 않겠다고 한 직원이 퇴사하면서 실업급여를 받게 해달라고 요청하는 경우가 있습니다. 이때 해당 직원이 권고사직 등 실업급여 수급사유에 해당되는 경우 4대 보험을 소급해서 가입해야 하는 문제와 함께, 기존 임금의 세금처리 문제 등이 발생하여 사업주 입장에서 실무적으로 큰 곤란을 겪을 수 있습니다. 따라서 직원의 말을 무조건 믿기보다는 애초에 4대 보험을 원칙적으로 관리할 필요가 있습니다.

정부 차원에서 사회적 실업난 해소를 위해 청년이나 고령자를 중심으로 인건비 지원을 하는 경우가 있습니다. 그런데 이러한 지원을 받으려면 사업체에서 실제 직원을 채용했다는 공식적인 입증자료가 필요합니다. 이때 대부분 4대 보험 가입 증명자료가 그 입증자료로써 활용되고 있습니다. 이처럼 정부로부터 인건비 지원을 받거나 직원과의 불필요한 분쟁을 예방하기 위해서라도 직원의 4대 보험 가입을 확대할 필요가 있습니다. 또한 정상적인 인건비처리를 통한 사업주의 소득세나 법인세 절감 차원에서도 직원의 4대 보험은 최대한 원칙대로 처리해야 합니다.

┌───┐

● 실업급여 수급사유 ●

■ 고용보험법 시행규칙 [별표 2]

수급자격이 제한되지 아니하는 정당한 이직 사유 [실업급여 수급사유]

1. 다음 각 목의 어느 하나에 해당하는 사유가 이직일 전 <u>1년 이내에 2개월 이상 발생한 경우</u>
   가. 실제 근로조건이 채용 시 제시된 근로조건이나 채용 후 일반적으로 적용받던 근로조건보다 낮아지게 된 경우
   나. **임금체불**이 있는 경우
   다. 소정근로에 대하여 지급받은 임금이 「최저임금법」에 따른 **최저임금에 미달하게 된 경우**
   라. 「근로기준법」 제53조에 따른 **연장 근로의 제한을 위반한 경우**
   마. 사업장의 휴업으로 휴업 전 평균임금의 70퍼센트 미만을 지급받은 경우
2. 사업장에서 종교, 성별, 신체장애, 노조활동 등을 이유로 불합리한 차별대우를 받은 경우
3. 사업장에서 본인의 의사에 반하여 **성희롱, 성폭력, 그 밖의 성적인 괴롭힘을 당한 경우**
   3의2. 「근로기준법」 제76조의2에 따른 **직장 내 괴롭힘을 당한 경우**
4. 사업장의 도산·폐업이 확실하거나 대량의 감원이 예정되어 있는 경우
5. 다음 각 목의 어느 하나에 해당하는 사정으로 사업주로부터 **퇴직을 권고받거나,** 인원 감축이 불가피하여 고용조정계획에 따라 실시하는 **퇴직 희망자의 모집으로 이직하는 경우**
   가. 사업의 양도·인수·합병
   나. 일부 사업의 폐지나 업종전환
   다. 직제개편에 따른 조직의 폐지·축소
   라. 신기술의 도입, 기술혁신 등에 따른 작업형태의 변경
   마. 경영의 악화, 인사 적체, 그 밖에 이에 준하는 사유가 발생한 경우
6. 다음 각 목의 어느 하나에 해당하는 사유로 통근이 곤란(통근 시 이용할 수 있는 <u>통상의 교통수단으로는 사업장으로의 왕복에 드는 시간이 3시간 이상인 경우</u>를 말한다)하게 된 경우
   가. 사업장의 이전
   나. 지역을 달리하는 사업장으로의 전근
   다. 배우자나 부양하여야 할 친족과의 동거를 위한 거소 이전
   라. 그 밖에 피할 수 없는 사유로 통근이 곤란한 경우
7. **부모나 동거 친족의 질병·부상 등으로 30일 이상 본인이 간호해야 하는 기간에 기업의 사정상 휴가나 휴직이 허용되지 않아 이직한 경우**
8. 「산업안전보건법」 제2조제2호에 따른 "중대재해"가 발생한 사업장으로서 그 재해와 관련된 고용노동부장관의 안전보건상의 시정명령을 받고도 시정기간까지 시정하지 아니하여 같은 재해 위험에 노출된 경우
9. 체력의 부족, 심신장애, 질병, 부상, 시력·청력·촉각의 감퇴 등으로 **피보험자가 주어진 업무를 수행하는 것이 곤란하고,** 기업의 사정상 업무종류의 전환이나 휴직이 허용되지 않아 이직한 것이 의사의 소견서, 사업주 의견 등에 근거하여 객관적으로 인정되는 경우
10. 임신, 출산, 만 8세 이하 또는 초등학교 2학년 이하의 자녀(입양한 자녀를 포함한다)의 육아, 「병역법」에 따른 의무복무 등으로 업무를 계속적으로 수행하기 어려운 경우로서 사업주가 휴가나 휴직을 허용하지 않아 이직한 경우
11. 사업주의 사업 내용이 법령의 제정·개정으로 위법하게 되거나 취업 당시와는 달리 법령에서 금지하는 재화 또는 용역을 제조하거나 판매하게 된 경우
12. <u>정년의 도래나 계약기간의 만료</u>로 회사를 계속 다닐 수 없게 된 경우
13. 그 밖에 피보험자와 사업장 등의 사정에 비추어 그러한 여건에서는 통상의 다른 근로자도 이직했을 것이라는 사실이 객관적으로 인정되는 경우

└───┘

02 산업재해 : 직원이 일하다 다쳤어요!

근무 중에 직원이 사고를 당하면 산업재해 또는 '산재'가 발생했다고 합니다. 사업장 내에서 산재가 발생하면 사업주 입장에서 어떻게 대처해야 할지 당황하기 마련입니다. 이런 산재와 관련하여 사업주가 꼭 알아야 할 내용을 중심으로 살펴보겠습니다.

(1) 산재보험에 가입되어 있지 않아도 산재처리가 가능합니다

산재보험은 민간보험과 달리 국가에서 운영하는 보험으로, 근로자로서 직장에서 일을 하다 산재를 당하게 되면 산재보험 가입 여부와 상관없이 산재보험의 혜택을 받을 수 있습니다. 사업장 전체가 산재보험에 가입하지 않은 경우는 물론, 다른 직원은 산재보험에 가입되어 있으나 본인은 가입되어 있지 않은 직원이 다치는 경우에도 산재보험 처리가 가능합니다. 이처럼 산재보험 가입 여부와 상관없이 산재처리는 가능하

기 때문에 산재가 발생했을 때 산재신청을 무조건 포기할 필요가 없습니다.

다만 위와 같은 경우 사업주는 산재보험을 가입하지 않은 데 대한 책임을 부담해야 합니다. 즉, 산재보험 처리를 위해서는 기존에 납부하지 않은 산재보험료를 납부해야 하고, 산재보험을 가입하지 않은 데 대한 벌칙 성격의 급여징수금을 납부해야 할 수도 있습니다. 하지만 그 금액이 금전적으로 크지는 않으므로, 경제적 부담 때문에 산재처리를 하지 않을 이유는 없습니다.

사업주가 산재보험에 가입하려면 '산재보험 성립신고'를 해야 합니다. 비유하자면 보험료 납부를 위한 은행계좌 개설이라고 생각하면 됩니다. 만약 산재보험 성립신고가 되지 않은 상태에서 산재가 발생하면, 즉 '미가입 산재(사업장에 직원이 근무하고 있는데도 1명도 산재보험에 가입하지 않은 상태에서 발생한 산재)'의 경우 사업주가 전체 산재보상 중 50%를 부담해야 할 수도 있습니다. 다만 최근 미가입 산재에 대해서도 사업주 부담분에 대한 상한액(납부했어야 하는 보험료의 5배)을 설정하여 사업주의 부담을 대폭 줄여주도록 법이 개정되었으므로 미가입 산재에 대해서도 적극적으로 산재처리를 할 필요가 있습니다.

산재 근로자를 위해서나 사업주의 경제적 부담을 줄이는 차원에서나 직원을 1명 이상 채용한 사업체라면 반드시 산재보험 성립신고를 해서 산재보험에 가입해야 하겠습니다.

(2) 산재보험 적용대상이 확대되었다구요?

　노동법상 임금근로자는 아니지만 다양한 산업재해에 노출되어있는 노무제공자 중 아래 직종에 속한 경우에는 산재보험에 의무적으로 가입해야 합니다. 따라서 관련 사업을 하는 경우 해당 종사자의 산재보험 가입이 누락되지 않도록 주의해야 합니다.

산재보험 의무가입 대상인 노무제공자

보험설계사(새마을금고 및 신협 공제모집인 포함), 건설기계 조종사, 방문강사, 골프장 캐디, 택배기사, 퀵서비스기사, 대출모집인, 신용카드모집인, 대리운전기사, 방문판매원, 대여제품 방문점검원, 가전제품 배송설치기사, 건설현장 화물차주, 화물차주, 소프트웨어 기술자, 방과후학교 강사/유치원 · 어린이집 강사, 관광통역안내사, 어린이통학버스기사

　더불어 2021년 6월 9일부터 중소사업주와 함께 일하는 무급가족종사자(사업주의 배우자 및 4촌 이내 친족)도 희망하는 경우 산재보험에 가입하여 산재보험 혜택을 볼 수 있게 되었습니다. 따라서 근무환경상 사고 가능성이 높은 경우에는 적극 가입을 검토해보는 것이 좋다고 판단됩니다. 이 경우 보험료는 전액 본인이 부담하며, 기준보수는 별도 기준에 따르게 됩니다.

(3) 직원의 사고나 질병이 무조건 산재로 인정되지는 않습니다

산업재해는 업무상 사고와 업무상 질병으로 나누어집니다. 즉, 업무상 다치거나 병에 걸렸을 때 산업재해로 인정됩니다. 따라서 산재로 인정받으려면 산재와 업무 간에 상당한 인과관계가 있어야 하는데, 실제 사례를 보면 그 인과관계를 판단하기 어려운 경우가 많습니다.

예를 들어 퇴근 후 집에서 뇌출혈이 생기거나, 회식자리에서 다치거나, 출·퇴근 중 사고가 나는 등의 질병이나 재해가 발생하게 되면 각 사례별로 업무와의 인과관계를 따져 산재 여부를 결정합니다. 이때 1차적인 판단은 근로복지공단에서 하며, 산재신청이 불승인되는 경우 심사청구를 하고, 거기에서도 기각(불승인)결정이 되는 경우 재심사청구를 할 수 있습니다. 심사청구나 재심사청구를 거치지 않고 법원에 소를 제기하는 방법도 있습니다.

사업체에서 실무상 문제되는 상황 중 하나가 직원 중에서 산재가 아님이 명백한데도 산재처리를 주장하는 경우입니다. 산재신청은 '원칙적으로 근로자가 신청하는 것'이기 때문에 현실적으로 사업주가 산재신청을 막을 방법은 없습니다. 따라서 이런 경우 산재를 주장하는 직원에게 산재처리를 하지 말라고 굳이 부탁할 필요가 없으며, 산재신청 후 근로복지공단의 사업장 조사에 대해 객관적으로 사실을 알리고 산재처리결과를 기다리면 됩니다.

반면에 사업주 입장에서 직원이 산재라고 생각되거나, 사업주나 직원입장에서 산재처리가 필요하다고 판단되면 산재로 인정받을 수 있도록

합법적인 범위 내에서 산재 입증자료를 확보해주는 등 적극적으로 협조할 필요가 있습니다.

산재에 어떻게 대처해야 할지 알 수 없거나, 산재인지 아닌지 애매한 상황에서 섣불리 산재처리를 했다가 이후 수습과정에서 어려움을 겪는 경우가 많습니다. 이런 경우 산재전문가인 공인노무사와 '사전'에 상담을 하고 산재처리를 진행하는 것이 좋습니다.

(4) 산재가 발생하면 어떻게 해야 하나요?

산재, 즉 산업재해가 발생하면 '산업재해조사표(305쪽 서식 참조)'를 작성해서 사업장 관할 고용노동지청에 제출해야 합니다. 이때 사망사고의 경우 '즉시', 3일 이상의 휴업재해(직원이 3일 이상 일을 하지 못하게 되는 재해)의 경우 재해발생일로부터 1개월 내에 산업재해조사표를 제출해야 합니다. 해당 기간 내에 제출하지 않으면 과태료가 부과됩니다.

실제로 최근 산업재해조사표를 기한 내 제출하지 않아 과태료가 부과되는 사례가 많이 발생하고 있습니다. 일단 직원이 3일 이상 입원해야 하는 산재가 발생했다면 반드시 기한 내에 신고하도록 하고, 산업재해조사표 양식이나 제출절차(고용노동부 노동포털에서 온라인 제출 가능)는 산재 발생 후 사업장 관할 고용노동지청에 문의하거나 전문가의 도움을 받기를 바랍니다.

그렇다면 3일 이내 요양이 필요한 비교적 가벼운 산재의 경우는 어떻게 처리할까요? 3일 이내의 산재는 산재보험으로 처리되지 않고, 근로기준법에 따라 사업주가 보상해야 합니다.

(5) 산재처리를 하면 어떤 점이 좋은 건가요?

4일 이상의 요양이 필요한 산재가 발생하는 경우 산재보험 처리가 가능합니다. 다른 사회보험(고용보험, 건강보험, 국민연금)과 달리 산재보험료의 경우 사업주가 전액을 부담하게 한 이유는 산재처리를 통해 사업주의 경제적 부담이 감소하기 때문입니다. 즉, 특별한 경우를 제외하고 직원이 산재보험을 통해 보상을 받게 되면 사업주 입장에서는 그만큼 직원에 대한 보상의무가 면제됩니다.

산재처리를 통해 산재로 인정받은 직원은 치료에 소요되는 치료비(요양급여)와 치료를 위해 일하지 못한 기간에 대한 휴업급여(평균급여의 70%)를 근로복지공단으로부터 지급받게 됩니다. 또한 장해가 남는 경우 장해급여, 간병이 필요하면 간병비를 지급받을 수 있습니다. 사망 시에는 유족급여(유가족이 수령)와 장의비 등을 지급받게 됩니다. 장해급여나 유족급여는 연금이나 일시금으로 받을 수 있습니다.

다만 치료에 소요되는 비용 중 '비급여항목'은 산재보험으로 처리되지 않습니다. 물론 산재를 당한 직원의 입장에서는 비급여항목 치료비를 본인이 부담해야 하는 데 대해 부당하다고 생각할 수 있습니다. 이런 경우 사업주가 부담하거나, 해당 직원과의 협의를 통해 치료비의 일부를 지원해주는 방법을 고려해볼 수 있습니다.

사망이나 신체마비 등 장해가 남는 중대한 재해를 당하면 경제적으로 큰 비용이 발생하기 때문에 사업주나 직원(또는 가족) 입장에서 산재 인정 여부가 매우 중요합니다. 따라서 만약 이런 재해가 산재로 인정받지 못할 수 있는 '애매한 상황'에서 발생했다면 전문가의 도움을 받아 산재인정절차를 진행하는 방법을 추천합니다.

(6) 산재처리하면 사업주한테 안 좋다고 하던데요?

"산재처리하면 회사에 불이익이 많다고 하던데, 처리해도 되나요?"

실제로 이런 걱정을 하는 사업주들이 많습니다. 질문에 대한 답은 이렇습니다.

"큰 불이익은 없습니다."

앞에서 설명했듯이 직원이 당한 산재를 산재보험으로 처리하면 보상이 이루어지는 만큼 사업주의 경제적인 보상의무가 면제됩니다. 또한 산재보상과 관련하여 사업주와 직원이 직접 협의하지 않고, 근로복지공단과 산재를 당한 직원이 직접 업무를 처리하기 때문에 행정적으로도 부담을 덜 수 있습니다.

"산재처리하면 보험료 엄청 올라간다던데요?"

이런 걱정을 하는 사업주들도 많습니다. 하지만 상시근로자 수가 '30인 미만인 소규모 사업체'의 경우 산재처리를 하더라도 산재보험료가 할증되지 않습니다. 또한 사업을 시작한 지 3년 이내 사업체 역시 산재보험료 할증 적용을 받지 않습니다. 아울러 산재가 발생하더라도 중대한 산재가 아니라면 보험료 할증이 되는 경우가 별로 없습니다. 설령 보험료가 할증되더라도 중대한 산재의 경우 산재처리를 하는 것이 대부분 사업주에게 경제적으로 유리합니다. 결론적으로 산재사건이 크든 작든 보험료 할증 때문에 산재처리를 하지 않을 이유는 거의 없습니다.

한편, 직원들의 출·퇴근 중 발생하는 재해에 대해서도 산업재해보상보험법 개정에 따라 2018년 1월부터 산재보험 적용이 가능해졌습니다.

(7) 산재처리를 하더라도 사업주의 민사적 책임이 있을 수 있습니다

'산재처리만 해주면 어떠한 책임도 없다.'

산재처리와 관련해서 사업주들이 이렇게 알고 있는 경우가 많습니다. 사업주의 이러한 안일한 태도로 인해 산재를 당한 직원이나 가족들이 분노하고 실망하는 경우가 많습니다. 일단 산재가 발생하면 산재인정을 위한 행정처리뿐만 아니라, 직원이나 가족을 진심으로 위로하는 등 사업주 입장에서 할 수 있는 최선의 성의(심리적, 경제적)를 표시하는 것이 이후 산재사건을 잘 마무리하는 데 있어서 매우 중요합니다.

산재로 인한 손실을 국가가 산재보험을 통해 100% 보상해주지는 않습니다. 앞서 설명했듯이 비급여항목 의료비는 지원해주지 않고, 또 산재보상은 정해진 보상기준이 있기 때문에 그 이상 보상되지 않습니다. 이런 이유로 산재를 당한 직원이나 가족이 사업주에게 산재 관련 피해에 대한 추가보상을 요구하는 경우가 있습니다.

예를 들어 직원이 산재로 사망하면 근로복지공단에서 유족보상연금이나 일시금을 지급하는데, 유가족 입장에서 이를 충분한 보상이 아니라고 판단해서 사업주에게 추가보상을 요구하는 경우가 있습니다. 다행히 유가족과 사업주 간에 원만한 합의가 있다면 좋겠지만, 보상조건에 대해 합의하지 못하거나 사업주가 지급을 거절하면 유가족은 사업주를 상대로 민사상 손해배상을 청구하게 됩니다. 이런 경우 산재에 대해 직원의 과실이 어느 정도인지 등을 따져서 전체 배상액을 결정하게 되는데, 만일 이렇게 결정된 전체 배상액이 산재보험에서 지급한 유족보상금보다 많다면 그 차액만큼을 사업주가 지급해야 합니다. 또한 사업주의 업무상 과실로 직원이 사망하거나 다친 경우에는 사업주의 관리책임을 물어 형사상 책임(징역이나 벌금 등)을 지게 될 수도 있습니다.

이처럼 중대한 산재의 경우 산재보상 이외에 사업주에게 민·형사상 추가적 책임이 따를 수 있다는 사실을 고려하여, 사업주 차원에서 산재인정을 위한 공인노무사 선임 비용 지원 및 산재직원의 치료와 재활(유가족 생활지원 등) 등에 지속적으로 관심을 기울이고 경제적 배려를 하는 등 법적 분쟁을 최소화하는 노력이 필요합니다.

더불어 다시는 산재가 발생하지 않도록 산재의 원인이 된 사업장환경을 적극적으로 개선하고 직원에 대한 산재예방교육을 강화해야 합니다.

03 취업규칙 : 우리도 규정이 있어야 하나요?

사업체규모가 작을 때는 근로계약서 작성만으로도 근로조건을 충분히 정할 수 있습니다. 하지만 규모가 커지고 직원이 늘게 되면 여러 가지 사항을 추가적으로 정할 필요가 생깁니다. 예를 들어 경조사는 어떻게 할 것인지, 상여금은 어떤 기준으로 지급할 것인지, 연차휴가는 어떻게 운용할 것인지 등 업무수행이나 근무조건을 상세히 정할 필요가 생기는데, 이러한 규정들을 통칭해 '취업규칙'이라고 합니다. 여기서는 취업규칙의 작성과 변경 등 실무상 중요한 사항에 대해 살펴보겠습니다.

⑴ 상시근로자 수가 10명이 되면 취업규칙을 작성해야 합니다

취업규칙을 반드시 작성해야 하는 기준은 '상시근로자 수 10명'부터입니다. 상시근로자 수가 9명이 될 때까지는 취업규칙을 작성해도 되고 안해도 됩니다. 따라서 사업체 운영을 위해 꼭 필요하지 않다면 상시근로

자 수가 10명이 되는 시점에 취업규칙을 작성하면 됩니다.

(2) 취업규칙에는 반드시 들어가야 하는 내용이 있습니다

취업규칙에 근로기준법 등 노동관계법령을 위반하는 내용이 포함되면 해당 조항은 무효가 됩니다. 또한 근로기준법에 의해 취업규칙을 작성할 때 반드시 기재되어야 할 사항(근무시간, 휴식시간, 휴일, 휴가, 임금, 퇴직금 등)이 정해져 있습니다.

최근 직장 내 괴롭힘 예방이 사회적 문제로 부각되어 해당 내용이 근로기준법에 포함되게 되었습니다. 이에 따라 취업규칙을 작성하거나 개정하는 경우 '직장 내 괴롭힘의 예방 및 발생 시 조치 등에 관한 사항'도 필수적으로 취업규칙에 포함되어야 합니다.

더불어 직장 내 괴롭힘 예방 강화를 위하여 법이 개정되어 2021년 10월 14일부터 시행되고 있습니다.

대표자와 대표자의 친족의 경우 직장 내 괴롭힘의 가해자가 되지 않도록 특히 주의가 필요하며, 직장 내 괴롭힘이 발생한 경우 피해자 보호 조치, 객관적 조사 실시, 가해자 징계 및 보안유지 등 적극적인 조치가 필요합니다.

1. 사용자와 사용자의 친족인 근로자가 직장 내 괴롭힘을 행한 경우
   *사용자의 친족범위 : 사용자의 배우자, 4촌 이내의 혈족, 4촌 이내의 인 척(부모, 조부모, 자식, 형제자매, 배우자의 부모, 형제자매 등)
   → 1,000만 원 이하의 과태료 부과

2. 직장 내 괴롭힘에 대한 객관적 조사 실시 등 사용자의 조치의무사항을 위 반한 경우
   → 500만 원 이하의 과태료 부과

현실적으로 사업주가 처음부터 직접 취업규칙을 만들기는 어렵기 때문에 고용노동부에서 '표준취업규칙'을 제공하고 있습니다. 따라서 이 표준취업규칙을 활용하여 사업장 상황에 맞게 세부 규칙들을 수정하거나, 전문가로부터 취업규칙 작성에 대한 자문을 받는 것도 좋습니다.

표준취업규칙은 고용노동부 사이트(www.moel.go.kr)나 인터넷 검색 등을 통해 구할 수 있으며, 가급적 최신자료를 활용하는 것이 좋습니다.

취업규칙은 처음부터 너무 복잡하게 만들기보다는 필수적인 사항만을 기재하여 단순하게 만드는 것이 좋습니다. 일부 사업장의 경우 규모에 맞지 않게 너무 많은 규정을 두기도 하는데, 이러면 각 규정마다 연결도 되지 않고 심지어 동일한 내용을 다르게 규정하는 등 관리가 전혀 안 되어 오히려 문제가 되는 경우가 많습니다. 따라서 인사관리상 많은 규정이 필요한 경우가 아니라면, 가급적 규정 자체를 최소화하고 필요

할 때마다 규정을 추가·보완해나가는 방식이 더 효과적이라고 생각됩니다.

(3) 취업규칙과 근로계약서, 임금대장 등은 서로 연결되어야 합니다

필자는 사업체를 점검할 때 기본적으로 취업규칙, 근로계약서, 임금대장 등 직원관리 서류를 검토합니다. 그러다보면 근로계약서, 임금대장, 취업규칙상에서 동일한 사안이 서로 다르게 규정되어 있는 경우를 자주 발견하게 됩니다. 이런 경우 어떤 내용이 원칙인지 혼란이 생길 수 있으므로 취업규칙을 작성할 때는 근로계약서, 임금대장, 다른 규정 등의 인사 관련 서류와 취업규칙 내용이 일치될 수 있도록 전반적인 점검이 필요합니다.

(4) 취업규칙은 처리절차가 중요합니다

취업규칙은 사업체 운영에 있어서 일종의 '법'에 해당됩니다. 따라서 국가에서 법을 만들어 시행하는 것과 유사한 절차를 거치도록 규정하고 있습니다.

먼저 취업규칙을 작성할 때는 직원들의 '의견'을 들어야 하고, 취업규칙을 변경할 때는 근로자들의 '동의'를 받도록 규정하고 있습니다(307쪽 서식 참조). 다만 이때 직원 전체가 아닌 직원 과반수의 의견청취나 동의를 받으면 됩니다. 의견청취나 동의절차를 정상적으로 거친 후에는 사업장 관할 고용노동지청에 취업규칙을 신고(제정 및 변경)해야 합니다(306쪽 서식 참조).

이렇게 확정된 취업규칙은 직원들이 언제나 열람할 수 있도록 적절한 장소에 비치해두어야 합니다. 또한 사업장에서는 직원이 입사하여 근로계약서를 작성할 때 취업규칙을 함께 열람하도록 할 필요가 있습니다.

상시근로자 수 10명 이상인 사업체에서 취업규칙을 작성하여 신고하지 않거나, 변경절차를 준수하지 않으면 과태료 처분을 받거나 벌금이 부과될 수 있습니다. 따라서 이러한 불이익을 당하지 않으려면 취업규칙의 작성 및 신고, 변경신고에 주의를 기울일 필요가 있습니다.

관련 법조항

근로기준법 제94조(규칙의 작성, 변경 절차)
① 사용자는 취업규칙의 작성 또는 변경에 관하여 해당 사업 또는 사업장에 근로자의 과반수로 조직된 노동조합이 있는 경우에는 그 노동조합, 근로자의 과반수로 조직된 노동조합이 없는 경우에는 근로자의 과반수의 의견을 들어야 한다. 다만, 취업규칙을 근로자에게 불리하게 변경하는 경우에는 그 동의를 받아야 한다.
② 사용자는 제93조에 따라 취업규칙을 신고할 때에는 제1항의 의견을 적은 서면을 첨부하여야 한다.

(5) 주기적으로 업데이트가 필요합니다

　　취업규칙 작성 및 신고 의무 사업장임에도 불구하고 취업규칙을 작성
하지 않거나, 작성했더라도 관리가 제대로 되지 않는 경우가 많습니다.
실제로 인사담당 직원이 퇴사하면 회사에 취업규칙이 있는지 없는지도
모르는 경우가 많습니다. 또 업력이 오래된 사업체의 경우 취업규칙이
너무 오래전에 작성되어서 현행법과 전혀 맞지 않는 경우도 많습니다.

　　따라서 취업규칙을 잘 만드는 것도 중요하지만, 3~5년 단위로 취업
규칙 점검을 통해 사업체의 변경사항이나 노동법 변경사항을 반영하여
내용을 수정·보완할 필요가 있습니다.

04

알아두면 도움이 됩니다!

(1) 상시근로자 수 '5명'은 아주 중요한 기준입니다

상시근로자 수 5명 미만, 즉 4명까지는 영세한 사업장 상황을 고려하여 노동법 조항 중 일부를 적용제외하고 있습니다.

적용제외되는 대표적인 조항으로는, 통상임금의 50%를 가산하는 시간외근무수당(연장, 야간, 휴일근무) 지급의무, 연차휴가 부여의무, 부당해고 금지규정, 근무시간 및 연장근무 제한, 취업규칙 작성 등이 있습니다(39쪽 참조). 실제로 소규모 사업체의 사업주 입장에서 시간외근무에 대해 가산수당을 지급하거나, 근무기간에 따라 연차휴가를 부여해야 한다면 사업운영상 부담이 될 수밖에 없습니다. 이밖에 경영상황에 따라 직원을 유연하게 관리할 필요성도 고려하여 정책적으로 위와 같은 적용제외 규정을 두었다고 이해하면 됩니다.

특히 4~6명 사이의 상시근로자를 고용해 운영하는 사업체에게는 이

적용제외 기준이 매우 중요한 의미가 있습니다. 사업특성상 연장근무가 많은 사업체의 경우 직원 수가 5명 이상인지 미만인지에 따라 인건비 부담부분(시간외근무수당 및 연차수당)이 크게 달라질 수 있으며, 직원의 유연한 관리(해고가능 여부) 측면에서도 영향을 받기 때문입니다. 따라서 사업체의 운영상황을 잘 파악하여 직원 수를 적절히 관리할 필요가 있습니다.

특히 최근 최저임금이 지속적으로 인상되는 추세를 보인다는 측면에서 직원 수 관리가 그만큼 중요한 임금관리수단이 되고 있습니다.

(2) 아르바이트직원을 쓸 때는 더욱 신경을 써야 합니다

사업주 입장에서는 아무래도 소위 '정직원'이라는 직원들이 중요하며 신경도 가장 많이 쓸 것입니다. 반면에 단시간 동안 일하는 아르바이트직원 관리에 대해서는 신경을 덜 쓰는 경향이 있습니다. 그러다보니 실제 사업현장에서 아르바이트직원과의 노동분쟁이 지속적으로 증가하고 있습니다.

아르바이트직원의 경우 정규직원에 비해 상대적으로 젊고 권리의식이 강하며, 인터넷 등을 통해 노동법 등의 정보를 습득하는 속도가 빠릅니다. 또한 사업주와의 유대관계는 정규직원만큼 강하지 않기 때문에 근무하면서 생기는 갈등이 법적 분쟁으로 이어지는 경우가 많으며, 일반적으로 분쟁의 해결 또한 쉽지 않습니다. 이런 점을 고려하여 사업주 입장에서는 아르바이트직원을 채용하는 경우 정규직원보다 더 엄격하게 관리할 필요가 있습니다. 즉, 채용 즉시 근로계약서를 작성하고, 퇴

직할 때는 사직서를 받아둘 필요가 있습니다. 또한 임금을 최저임금 이상으로 결정해서 지급해야 하며, 주휴수당도 반드시 지급해야 합니다.

사업주와 직원 사이의 인간관계가 느슨하다고 해서 법적 관리까지 느슨하지는 않다는 사실을 명심해야 합니다. 어찌 보면 아르바이트직원의 경우 사업주와의 연결관계가 별로 없기 때문에 법적 관계를 더 명확히 할 필요가 있습니다.

⑶ 임금체불사건은 초기에 적극적으로 대응해서 해결해야 합니다

해고사건과 더불어 가장 대표적인 노동분쟁사건이 임금체불분쟁입니다. 특히 연장근무수당, 연차수당, 퇴직금과 관련하여 많은 분쟁이 발생하고 있으며, 앞서 살펴보았듯이 대부분의 분쟁들이 직원이 많지 않은 소규모 사업체에서 발생하고 있습니다.

임금체불분쟁의 원인 중에는 사업주가 '알면서 임금을 체불하는 경우'도 있지만, '사업주의 의도와 상관없이 체불되는 경우'도 적지 않습니다. '연장근무수당을 지급해야 하는지 몰라서', '직원과 약속을 하면 괜찮은 줄 알아서', '직원이 원해서', '휴가를 부여해야 하는지 몰라서', '법을 잘 몰라서' 등 안타까운 이유들로 임금을 체불하여 악덕 사업주가 되는 경우가 많습니다.

임금체불사건이 발생했을 때 처리하는 절차는 다음과 같습니다.

임금체불사건은 사업장을 관할하는 고용노동지청에서 담당합니다. 임금을 못 받거나 적게 받았다고 생각하는 직원이 고용노동지청에 '진

정' 또는 '고소'를 하면, 고용노동지청에서는 사업주에게 '출석요구서'를 보내게 됩니다. 이러한 출석요구에 따라 고용노동지청에서는 직원과 사업주를 조사해서 임금체불 여부 및 체불액을 결정합니다. 이후 사업주가 이를 이행하면 사건이 종결되며, 미이행 시 검찰로 송치되거나 재판으로 이어지게 됩니다.

소규모 사업체에서 임금체불사건이 발생하면 임금체불액이 조정될 수는 있지만 결과적으로 임금체불로 인정되는 경우가 많습니다. 사업주가 알았든 알지 못했든 임금체불에 대한 판단은 '법적 기준(주로 근로기준법이나 최저임금법)'을 적용하기 때문에 사업주가 법을 100% 지키지 못했다면 그만큼 임금체불이 발생할 가능성이 높습니다.

사업주 입장에서는 임금체불이 발생하지 않게 관리하는 방법이 최선이겠지만, 만약 임금체불사건이 발생했다면 초기에 적극적으로 대처해서 해결하도록 노력해야 합니다. '어떻게 되겠지'라는 생각으로 대수롭지 않게 대응하거나, 반대로 지나치게 감정적·공격적으로 대응하면 임금체불액수가 증가할 뿐만 아니라, 벌금부과 등 형사처벌로 이어질 수도 있습니다. 또한 사건처리가 장기화되어 심적 고통이 커질 뿐 아니라, 해당 임금체불사건이 현재 일하고 있는 직원들에게도 안 좋은 영향을 미칠 수 있습니다.

직원이 오해를 했든, 사업주와의 약속을 지키지 않았든 그런 것은 중요하지 않습니다. 직원 입장에서는 억울한 부분이 있어 고용노동(지)청에 도움을 청한 것이라고 생각하고, 직원의 주장을 잘 들어본 후 합리적이라고 판단되면 가급적 빨리 해결되도록 노력하는 것이 좋습니다.

또한 사건이 진행되는 중이라도 직원과 합의하면 사건 종결로 인정되므로, 직원과 대화를 통해 해결책을 찾는 것도 좋은 방법입니다.

최근에는 상습적으로 임금을 체불하는 사업주에 대해 강력히 처벌할 수 있는 임금체불방지법이 국회를 통과하여 곧 시행될 예정이니 임금체불에 대해서는 더욱 신경을 써야 합니다.

따라서 사안이 복잡하고 임금체불액이 큰 경우에는 임금체불사건이 시작되는 초기부터 공인노무사의 도움을 받을 필요가 있습니다.

(4) 정부에서 사업주를 지원하는 다양한 제도가 있습니다

청년실업의 증가와 고령화 등으로 인해 사회적으로 일자리 창출 및 유지가 중요한 이슈가 되고 있습니다. 이에 정부는 직원채용을 늘리거나 유지하는 사업주에게 다양한 경제적·행정적 지원을 하고 있습니다. 예를 들어 사회적 약자 및 청년 채용 등을 시행한 사업주를 대상으로 다양한 지원사업을 시행하고 있습니다. 다만 각 지원사업마다 지원요건이 다르고, 지원을 받기 위해서는 사업계획서 작성 등 일정한 절차를 거치는 경우도 있습니다. 따라서 일단 우리 사업체가 어떤 지원사업을 이용할 수 있는지 알아보고, 필요한 경우 노무법인 등 전문가에게 업무를 위탁할 수도 있습니다.

그런데 세상에는 공짜가 없듯이 정부에서 인건비 지원을 받으면, 지원사업에 따라 일정 기간 동안 직원을 해고하거나 권고사직 처리하는 행위를 금지하는 등 인력운용에 제약을 받을 수 있습니다. 따라서 무조건 정부지원을 받기보다는 사업체의 인력운용형태를 고려하여 신중히 결정할 필요가 있으며, 정부지원을 받는 경우 지원중단이나 환수조치가 되지 않도록 잘 관리해야 합니다.

■ 산업안전보건법 시행규칙 [별지 제30호서식]

산업재해조사표

※ 뒤쪽의 작성방법을 읽고 작성해 주시기 바라며, [ ]에는 해당하는 곳에 √ 표시를 합니다. (앞쪽)

<table>
<tr><td rowspan="9">I.
사업장
정보</td><td colspan="2">①산재관리번호
(사업개시번호)</td><td></td><td colspan="2">사업자등록번호</td><td></td></tr>
<tr><td colspan="2">②사업장명</td><td></td><td colspan="2">③근로자 수</td><td></td></tr>
<tr><td colspan="2">④업종</td><td></td><td colspan="2">소재지</td><td>(-)</td></tr>
<tr><td rowspan="2">⑤재해자가 사내
수급인 소속인
경우(건설업
외)</td><td>원도급인 사업장명</td><td></td><td rowspan="2">⑥재해자가 파견근로
자인 경우</td><td>파견사업주 사업장명</td><td></td></tr>
<tr><td>사업장 산재관리번호
(사업개시번호)</td><td></td><td>사업장 산재관리번호
(사업개시번호)</td><td></td></tr>
<tr><td rowspan="4">건설업만
작성</td><td>발주자</td><td></td><td colspan="2">[ ]민간 [ ]국가·지방자치단체 [ ]공공기관</td><td></td></tr>
<tr><td>⑦원수급 사업장명</td><td></td><td colspan="2" rowspan="2">공사현장 명</td><td rowspan="2"></td></tr>
<tr><td>⑧원수급 사업장 산재
관리번호(사업개시번
호)</td><td></td></tr>
<tr><td>⑨공사종류</td><td></td><td>공정률</td><td>%</td><td>공사금액
백만원</td></tr>
</table>

※ 아래 항목은 재해자별로 각각 작성하되, 같은 재해로 재해자가 여러 명이 발생한 경우에는 별도 서식에 추가로 적습니다.

<table>
<tr><td rowspan="11">II.
재해
정보</td><td colspan="2">성명</td><td colspan="2">주민등록번호
(외국인등록번호)</td><td colspan="2">성별</td><td>[ ]남 [ ]여</td></tr>
<tr><td colspan="2">국적</td><td colspan="2">[ ]내국인 [ ]외국인 [국적: ⑩체류자격:]</td><td colspan="2">⑪직업</td><td></td></tr>
<tr><td colspan="2">입사일</td><td colspan="2">년 월 일</td><td colspan="2">⑫같은 종류업무 근속
기간</td><td>년 월</td></tr>
<tr><td colspan="2">⑬고용형태</td><td colspan="6">[ ]상용 [ ]임시 [ ]일용 [ ]무급가족종사자 [ ]자영업자 [ ]그 밖의 사항 [ ]</td></tr>
<tr><td colspan="2">⑭근무형태</td><td colspan="6">[ ]정상 [ ]2교대 [ ]3교대 [ ]4교대 [ ]시간제 [ ]그 밖의 사항 [ ]</td></tr>
<tr><td colspan="2" rowspan="2">⑮상해종류
(질병명)</td><td colspan="2" rowspan="2">⑯상해부위
(질병부위)</td><td colspan="2">⑰휴업예상
일수</td><td>휴업 [ ]일</td></tr>
<tr><td colspan="2">사망 여부</td><td>[ ] 사망</td></tr>
</table>

<table>
<tr><td rowspan="5">III.
재해
발생
개요 및
원인</td><td rowspan="4">⑱
재해
발생
개요</td><td>발생일시</td><td>[ ]년 [ ]월 [ ]일 [ ]요일 [ ]시 [ ]분</td></tr>
<tr><td>발생장소</td><td></td></tr>
<tr><td>재해관련 작업유형</td><td></td></tr>
<tr><td>재해발생 당시 상황</td><td></td></tr>
<tr><td colspan="2">⑲재해발생원인</td><td></td></tr>
</table>

<table>
<tr><td>IV.
⑳재발
방지
계획</td><td></td></tr>
</table>

※ 위 재발방지 계획 이행을 위한 안전보건교육 및 기술지도 등을 한국산업안전
보건공단에서 무료로 제공하고 있으니 즉시 기술지원 서비스를 받고자 하는 경   즉시 기술지원 서비스 요청[ ]
우 오른쪽에 √ 표시를 하시기 바랍니다.

작성자 성명

작성자 전화번호   작성일   년   월   일

                                사업주   (서명 또는 인)

                        근로자대표(재해자)   (서명 또는 인)

( )지방고용노동청장(지청장) 귀하

<table>
<tr><td rowspan="2">재해 분류자 기입란
(사업장에서는 작성하지 않습니다)</td><td>발생형태</td><td>□□□</td><td>기인물</td><td>□□□□□</td></tr>
<tr><td>작업지역·공정</td><td></td><td>작업내용</td><td></td></tr>
</table>

210mm×297mm[백상지(80g/㎡) 또는 중질지(80g/㎡)]

[별지 제15호서식] <개정 2021. 4. 5.>

취업규칙 [ ]신고서
[ ]변경신고서

1. ※ 색상이 어두운 난은 신고인이 적지 않으며, [ ]에는 해당하는 곳에 √ 표시를 합니다.

접수번호		접수일	처리기간	1일

신고 내용	사업장명		사업의 종류	
	대표자 성명		사업자등록번호	
	소재지		(전화번호 :)	
	근로자수 명 (남 명, 여 명)		노동조합원수 명	
	의견청취일 또는 동의일 년 월 일			

「근로기준법」 제93조 및 같은 법 시행규칙 제15조에 따라 위와 같이 취업규칙을 [ ]신고 또는 [ ]변경신고합니다.

년 월 일

신고인 (서명 또는 인)

대리인 (서명 또는 인)

○○지방고용노동청(지청)장 귀하

첨부서류	1. 취업규칙(변경신고를 하는 경우에는 변경 전과 변경 후의 내용을 비교한 서류를 포함합니다) 1부 2. 근로자의 과반수를 대표하는 노동조합 또는 근로자 과반수의 의견을 들었음을 증명하는 자료 1부 3. 근로자의 과반수를 대표하는 노동조합 또는 근로자 과반수의 동의를 받았음을 증명하는 자료 (근로자에게 불리하게 변경하는 경우에만 해당합니다) 1부	수수료 없음

처 리 절 차

신고서 제출	→	접 수	→	내용검토	→	결 재	→	통 보 (변경명령에 한함)
신고인		지방고용노동청(지청)장		지방고용노동청(지청)장		지방고용노동청(지청)장		지방고용노동청(지청)장

210mm×297mm[백상지(80g/㎡) 또는 중질지(80g/㎡)]

취업규칙 제정(개정)에 대한 동의서

근로기준법 제93조 및 제94조 규정에 의하여 당사의 취업규칙을 제정(개정)함에 있어 아래 직원들은 명기된 각 조항에 이의가 없으며 미비한 사항은 노동관계법령의 규정을 적용하기로 하고 이에 동의서를 제출합니다.

20   년   월   일

연번	성명	의견 및 동의여부	서명 또는 날인
1			
2			
3			
4			
5			
6			
7			
8			
9			
10			
11			
12			
13			
14			
15			
16			

※ 동의여부는 ○, X로 표기하여 주십시오.

☑ 나는 임금 · 인사 · 노무관리에 대해 얼마나 알고 있을까?

> 정답은 '0개'입니다. 문항 모두가 틀린 내용입니다. 구체적인 사항은 해당 내용을 설명하고 있는 부분을 참고해서 직접 확인하기를 바랍니다.

순번	문 항	관련 내용
1	정규직원 3명, 아르바이트직원 2명, 불법체류 중인 외국인직원 2명, 신용불량상태인 직원 1명인 식당의 법적 직원 수는 총 5명이다.	23~31쪽
2	수습직원은 수습기간 중에 해고해도 문제가 없다.	53~54쪽
3	단기 아르바이트직원은 당사자 간 합의가 있으면 근로계약서를 쓰지 않아도 법적으로 문제가 되지 않는다.	48~49쪽 57~59쪽
4	손님이 없는 식당에서 직원들끼리 커피를 마시면서 손님을 기다리는 시간은 근무시간이 아니라 휴식시간에 해당한다.	88~89쪽
5	10인 미만 소규모 공장은 연차휴가를 꼭 부여하지 않아도 된다.	123쪽
6	입사 시 당사자 간 합의로 연장근무수당을 포함해서 임금을 지급하기로 정했다면, 연장근무에 대한 수당을 지급할 의무가 없다. (예 : '월 급여에는 법정제수당이 포함되어 있다.')	199~207쪽
7	직원에게 퇴직금 지급과 관련한 확인서(동의서)를 받고, 매월 임금에 퇴직금을 포함해서 지급하는 방법은 법적으로 문제가 없다.	227~230쪽
8	직원을 해고하면서 한 달 급여를 추가로 지급하면 문제가 없다.	256~258쪽
9	직원이 원하지 않아 4대 보험에 가입하지 않는 경우 사업주는 특별히 책임질 일이 없다.	271~275쪽
10	직원이 산재보험에 가입되어 있지 않으면 산재보험혜택을 받을 수 없다.	284~285쪽